U0955344

山东省社会科学规划研究项目 18DGLJ14

经济学学术前沿书系
ACADEMIC FRONTIER
ECONOMICS BOOK SERIES

基于利益相关者的品牌治理研究

王彦勇　苏奕婷◎著

经济日报出版社

图书在版编目（CIP）数据

基于利益相关者的品牌治理研究 / 王彦勇，苏奕婷著. -- 北京：经济日报出版社，2021.12
ISBN 978-7-5196-0980-1

Ⅰ. ①基… Ⅱ. ①王… ②苏… Ⅲ. ①企业管理-品牌战略-研究 Ⅳ. ①F272.3

中国版本图书馆 CIP 数据核字（2021）第 240521 号

基于利益相关者的品牌治理研究

作　　者	王彦勇　苏奕婷
责任编辑	张　莹
助理编辑	姜　楠
责任校对	温　海
出版发行	经济日报出版社
地　　址	北京市西城区白纸坊东街 2 号 A 座综合楼 710（邮政编码：100054）
电　　话	010-63567684（总编室） 010-63584556（财经编辑部） 010-63567687（企业与企业家史编辑部） 010-63567683（经济与管理学术编辑部） 010-63538621　63567692（发行部）
网　　址	www.edpbook.com.cn
E-mail	edpbook@126.com
经　　销	全国新华书店
印　　刷	北京建宏印刷有限公司
开　　本	710 mm×1000 mm　1/16
印　　张	12
字　　数	200 千字
版　　次	2021 年 12 月第 1 版
印　　次	2021 年 12 月第 1 次印刷
书　　号	ISBN 978-7-5196-0980-1
定　　价	50.00 元

版权所有　盗版必究　印装有误　负责调换

序

随着世界范围内买方市场趋势的持续增强，顾客的自主购买能力逐步提升，公司间竞争的重点从产品转向品牌，构建良好品牌形象成为形成公司核心竞争力的关键。实践证明，利益相关者不但是提升品牌价值的关键资源，还对保障品牌健康发展具有重要作用。因此，以维护利益相关者品牌共建为目的的品牌治理成为当前实现品牌健康与可持续发展的重要手段。在我国，品牌治理获得了突飞猛进的发展，然而值得注意的是，我国品牌治理在演进的过程中，却缺乏良性思考与指导，致使在品牌共建行为中承担不同责任的角色发展失调，短期内能够带动品牌价值提升的利益相关者得到优先发展，而承担监督和约束职能的利益相关者却时常被公司选择性忽略，出现了大量以品牌健康换取短期品牌价值的不良发展模式。这一问题同样困扰着东、西方的学者，并推动品牌治理成为品牌研究领域的前沿与热点。目前品牌治理研究主要集中在三个方面：促使利益相关者参与品牌治理的原因是什么？如何提升利益相关者在品牌治理中的表现？品牌治理的效果又该怎样衡量？

带着这三个问题，本文对品牌治理展开研究，以利益相关者参与品牌治理的影响因素为切入点，以品牌治理的深化过程为导向，通过品牌治理融入度衡量品牌治理的实施效果，形成了贯穿品牌治理形成、发展与测量的研究逻辑思路。并通过经济学范式分析、博弈模拟等方法较为系统地对品牌治理进行分析，形成本文研究框架。最终，在理论研究与实证分析的基础上，提出研究结论如下：第一，不同类型的利益相关者在品牌治理中的表现存在差异。因此，在实务层面中，品牌拥有公司应因人而异，设置差别化品牌治理政策，从而更高效地吸引利益相关者加入并提高其在品牌治理中的表现。第二，品牌治理参与因素可以通过认同意识与合作关系影响利益相关者对品牌治理的融入度。所以在实践中，公司应在考虑品牌治理参与者构成的基础上，分析品牌治理六种参与因素在融入品牌治理中作用的比重与特点，兼顾交流环境建设与物质奖励，设计合理的投资方案，并以品牌合作活动乐趣为重点，培养品牌情感，同时也应注意降低劳动强度，提高利益相关者参与积极性以及挖掘参与者的宣传能力，正确实现品牌杠杆。另外，通过引入权益型利益相关者加强外部监督与约束，拒绝违规合谋，提升合作者信心，建立品牌形象防御机制，抵御未知风险。

目 录
CONTENTS

第 1 章　品牌治理概论

1.1 为什么要研究品牌治理

1.1.1 市场营销中的品牌治理

在2013年于德国科隆国际博览中心召开的全球数字营销展览会暨会议（Dmexco）上，宝洁全球市场总监Marc Pritchard语出惊人，以“数字营销”已死为题，做了一场震撼人心的报告。其观点不仅在现场造成轩然大波，也引发了2013年中国数字营销大会上的激烈讨论（王秋钰，2013）①。众所周知宝洁公司旗下飘柔、舒肤佳、汰渍及吉列等品牌在各自的产品领域内均处于市场领先地位，是世界上品牌运营最成功的公司之一，为何公司CMO发出了“数字营销已死”的感慨？对于数字营销正在蓬勃发展的中国，他的观点反而使得营销人员更加迷茫。其实，究其观点，并非摒弃数字营销手段，而是强调数字营销渠道（tools）不应凌驾于营销活动内容（campaigns）之上。如今品牌的发展在于能够与消费者产生互动和价值共享，以及与各种利益相关者实现品牌共建，从而使得品牌超脱于价格、性能等产品理性因素，成为消费者生活中的伙伴，建立起与消费者情感上的联系（Pritchard，2013）②。因此，以数字营销渠道为导向的营销时代正在终结，顾客与其他利益相关者成为实现品牌价值的关键。

“数字营销之死”反映了营销手段的革命，然而真正促成该结果的原因在于品牌价值理念的变迁。如今市场营销人员逐步意识到品牌价值并非仅由企业或顾客产生，而是通过各种利益相关者协同合作实现的。在由多元利益相关者构成的品牌价值链条中，品牌所属公司、顾客、广告媒体、上下游企业等都成了不可缺失的一环。而传统品牌管理侧重于公司内部的管理，难以

---

① 王秋钰．宝洁全球市场总监认为“数字营销”已死，真相是什么［OL］．http：//www.huxiu.com/article/21276/1.html，2013.

② Pritchard，M. Digital Marketing is Dead［Z］．Dmexco，German：Köln，2013.

协调公司外的利益相关者；同时，传统品牌管理过度强调市场的反应机制，忽略了利益相关者的能动性，挫伤了合作者的积极性并减少了品牌互动和价值共享的机会，进而妨害了品牌价值的提升。为了克服传统品牌管理模式的弊端，以协调关系、促进合作的治理思想被引入，最终产生了品牌治理理论（王彦勇，徐向艺，2013）[①]。也就是说，品牌治理是一种为了克服传统品牌管理理论局限而提出的仍处于成长阶段的全新理论，其核心是对品牌利益相关者及其间关系的研究。而明晰利益相关者所扮演的角色与理顺利益相关者关系不仅有助于公司掌握并构建品牌价值网络体系，更有利于指导品牌共建活动，通过引导与合并利益相关者所拥有的资源实现品牌杠杆。因此，越来越多品牌管理者将关注点从公司与顾客关系管理转移到品牌利益相关者共同治理，推动品牌从管理时代迈向治理时代（Merz 等人，2009）[②]。

在我国，传统品牌发展模式遭遇瓶颈。首先，传统品牌宣传手段效率低下，如电视广告等品牌推广模式越来越难以打动消费者，更不用说建立良好的顾客忠诚度；其次，品牌运营为公司带来大量成本，很多中小公司因无力承担品牌运营成本而放弃品牌发展计划。以上种种成为限制我国自主品牌发展的绊脚石。然而，品牌治理时代的来临为公司成功运营品牌提供了新的思路，以品牌共建为核心目的的各种品牌治理模式都获得了突飞猛进的发展。强调公司与利益相关者互动的品牌社群如雨后春笋般冒了出来，品牌社群已经成为我国品牌化发展的重要力量，如苹果手机论坛在线最高人数超过 5 万。另一方面，作为品牌共建行为中重要合作伙伴的广告公司也得到长足的发展，自 2008 到 2019 年间，每年以 7% 到 50% 的速度增长，2019 年其规模达到 8647 亿元。而作为承担监督责任的社会媒体以及政府部门，在规范品牌行为时所起的作用也越来越明显。

然而值得注意的是，虽然品牌治理实践活动在我国正处于高速发展阶段，却缺乏理论指导，致使在品牌共建中承担不同责任的角色发展失调，短期内能够带动品牌价值提升的利益相关者得到优先发展，而承担监督和约束职能的利益相关者却时常被公司选择性忽略，出现了大量以品牌健康换取短期品

① 王彦勇，徐向艺．国外品牌治理研究述评与展望［J］．外国经济与管理，2013，35（1）：29-36.

② Merz M A，He Y，Vargo S L. The evolving brand logic：a service-dominant logic perspective［J］. Journal of Academy of Marketing Science，2009，37（3）：328-344.

牌价值的不良发展模式，不仅造成该品牌难以健康发展，还降低了顾客对整个市场的信任感，如三鹿奶粉事件重创了中国乳制品行业。其次，品牌治理在地域上的发展也极不均衡，越发达的地区越容易引入利益相关者参与品牌治理，而落后区域则基本处于未开发状态。以与广告公司合作为例，北京、上海、广州三个发达城市占了全国50%，海南、甘肃、宁夏、西藏与青海五省区尚不足1%（胡月，2013）[①]。最后，我国公司对品牌治理尚缺乏深刻认识，往往仅是模仿国外成功公司，盲从、跟风现象严重，不仅没有体现品牌治理的优势，还造成大量浪费。

综上所述，品牌治理在我国高速发展的同时也存在不少问题，有公司成功也有公司失败。究竟应该如何衡量公司引入品牌治理的成败？一方面应测量品牌治理的广度，该广度不仅是指参与品牌共建的成员个数，也包括参与成员所涉及的利益相关者种类数目。仅以提升品牌短期价值为目的的公司，在缺乏与承担监督、约束责任的利益相关者合作的情况下，即使将再多的顾客纳入品牌共建的过程，也是一种不健康的品牌化道路。另一方面，还应考虑品牌治理的深度，即在品牌共建过程中，参与者作出何种贡献，在多大程度上将自身资源融入品牌的发展之中。因此，针对品牌所属公司，首先应考虑下列几个问题。第一，如何通过增强品牌治理活动的吸引力更广泛地吸收参与者？第二，每个参与者在品牌治理中的作用及贡献是什么？第三，如何促使参与者更好地融入品牌治理活动中，克服品牌发展瓶颈？弄清这几个问题不仅有助于公司了解产生品牌价值的源泉，为实现利益相关者协作打下基础；同时，还可以指导公司建立健康的品牌化道路，提升品牌发展的潜力。因此，研究品牌治理对现阶段品牌发展与改造具有战略性的指导意义。

1.1.2 公司治理中的品牌治理

品牌作为可以带来溢价和生产增值的无形资产，是公司最重要的资源之一。同时，品牌也是公司联系顾客、合作伙伴等利益相关者的重要纽带。每一个品牌的发展都离不开顾客以及其他利益相关者的认可与支持。因此，有学者指出品牌不应仅属于公司，而是由全部参与品牌建设的利益相关者共同

---

① 胡月．新媒体环境下中国广告业的发展现状及发展前景研究［J］．科技资讯，2013（11）：248-248

所有，并以此为依据提出了品牌共建理论（Hatch 与 Schultz，2009）[①]。品牌共建为在激烈的竞争中提升品牌价值创造了条件，但同时也在一定程度上模糊了品牌所有权，进而产生了一系列问题。比如有的公司过度执着于对品牌的控制，不肯与利益相关者分享权利，从而失去人心，降低了品牌支持；有的公司热衷于通过分权吸引利益相关者参与品牌共建，最终却发现权利被架空，无法对品牌进行有效控制。品牌共建所提倡的多元利益相关者合作建设品牌加速了传统品牌管理模式弊端的暴露，从权利角度看，传统品牌管理模式的权利基础是公司的职位权利，只能对公司内部人员进行约束，却难以对处于公司外部的利益相关者进行协调与管理。

近十年来，不仅品牌所有权的界定愈发的模糊，市场的高速发展与公司组织形式多元化也致使品牌的所有权与经营权在一定程度上发生分离，而随着治理思想的引入，品牌研究者把目光从企业与市场的二元关系中解放出来，并将注意力投入到更广泛的利益相关者身上，从而形成了一种全新的理论——品牌治理（Brand Governance）。其核心是以品牌控制权共享理论为基础地对品牌共建过程中各种品牌利益相关者间关系以及参与模式与制度安排的研究（王彦勇，徐向艺，2013）[②]。美国市场营销协会（AMA）也在 2004 年与 2008 年两次重新界定了市场营销的研究范畴，突出了利益相关者在品牌发展中的作用并强调了营销中的组织职能（AMA，2013）[③]。品牌治理侧重于鼓励品牌利益相关者共同参与品牌的建设过程，通过分析与满足各参与者的诉求，提高各利益相关者对品牌的认同，进而推动品牌价值的提升。另外，品牌治理将各种利益相关者纳入考虑范围有利于建立起能被不同利益相关者接受的统一的品牌核心价值，为实现各个利益相关者协作打下基础。品牌治理思想的出现，克服了传统品牌管理模式的弊端，弥补了难以协调公司外部利益相关者的空白，为当前高速发展品牌化道路指明了新的方向。

在我国，基于利益相关者的品牌化模式正处于高速发展阶段，特别是通

---

① Hatch M. Schultz M. Of bricks and brands. From corporate to enterprise branding [J] . Organizational Dynamics, 2009, 38 (2) : 117 - 130.

② 王彦勇，徐向艺 . 国外品牌治理研究述评与展望 [J] . 外国经济与管理，2013，35 (1)：29-36.

③ AMA. The definition of marketing [OL] . http: //www.marketingpower.com/AboutAMA/Pages/DefinitionofMarketing.aspx

过利益相关者实现品牌杠杆作用撬动品牌价值的手段层出不穷，为提升我国品牌价值做出了卓越的贡献。随着品牌共建的发展，品牌治理水平也得到长足的进步。以车友会为例，如今车友会已经构成了一个由汽车公司、顾客、4S 店、交通广播栏目、清洗店等多元利益相关者共同组成的群体，参与者在群体中各司其职，共同为品牌的发展付出努力。然而不能忽视的是由于社会监管体系仍不健全，以及监督、约束机制的缺失，我国目前品牌化道路也显现出了不少弊端。品牌共建合作过程中，品牌经营权被参与者共享，由于信息不对称而导致的利己行为、偷懒行为与合谋行为比比皆是，从而产生了大量的代理问题。比如品牌拥有公司与广告公司为了短期利益合谋，通过虚假宣传欺骗消费者，罔顾公司的社会责任，大大降低了我国品牌信任度。另外，新兴宣传渠道的监管失位，进一步加剧了市场的混乱。如 2010 年，腾讯 QQ 与奇虎 360 之争，两家公司各自雇佣“网络水军”在互联网大肆诋毁对方。

综上所述，公司治理中的品牌治理更关注如何通过保障品牌化建设中的公平性、合理性与合法性，使公司和利益相关者能共同围绕提升品牌价值这一目标协同合作。在品牌共建的过程中，由于不同利益相关者所处地位与对品牌兴趣的不同，往往从自身角度对行使品牌的权、利、责提出具体的要求。经济人视角下，公司与利益相关者在品牌化进程中展现出不同的投入和需求，对各自应支出的成本及可获收益却并不一定能达成共识，加之品牌发展又往往受到项目预算刚性的限制，使得公司与利益相关者间难免会产生利益冲突和矛盾，我国市场法律与监管的不完善性进一步加剧了该冲突与矛盾。而品牌治理通过分析利益相关者的诉求制定公平的品牌治理规则，通过激励、监督机制促进利益相关者间的品牌合作，通过约束机制对品牌治理中违规现象进行问责，保障品牌建设的健康发展。对公司来说，应首先关注以下两个问题：第一，利益相关者在品牌共建中所扮演的角色是什么，而承担的责任又是什么？第二，如何确保利益相关者能够真正行使其职责？弄清这两个问题是保证我国品牌健康发展的关键，同时也是实现公司治理外部利益相关者监督的基石。

1.2 品牌治理相关概念界定

品牌共建（brand co-creation）

品牌共建理论是当前西方品牌研究领域最前沿的课题之一。Merz 等人（2009）通过梳理前人文献指出品牌共建的本质就是由利益相关者参与，通过社会关系与互动，提升品牌价值的合作过程，并指出品牌共建理论来自服务主导逻辑（Service-dominant logic）[①]，该逻辑将可通过作用于其他资源而产生价值的资源定义为操作资源，如公司的竞争力；将通过被操作而产生价值的资源定义为对象资源，如生产原料等[②]。传统品牌理论强调顾客对品牌价值的感知或体验等，认为顾客作为一种对象资源是品牌价值的接受者。而品牌共建理论强调利益相关者传播品牌价值的能力并认为每个参与成员都肩负着传播、提升品牌价值的责任，即承认利益相关者在创造品牌价值过程中具有较强的主观能动性，是一种操作资源，并认为品牌价值是由品牌社群成员共同创造的，公司只是品牌价值的提议者与接受者，而全体利益相关者才是品牌价值的决定者。

在实务层面，品牌共建可以被简单地理解为各种社群参与品牌合作的过程。以某车展为例，公司提供被展览汽车，会展中心提供场地，媒体负责宣传，而车友会成员参加提升活动的人气，由此一个由公司、会展中心、媒体、车友会及其他顾客实现的品牌共建活动就形成了。这种品牌共建的形式将品牌发展从单纯的品牌、顾客关系中解放了出来，并通过以参加合作的全部利益相关者为研究焦点，实现品牌合作中的协同，彻底改变了以往的营销策略。新兴营销策略强调通过强化品牌利益相关者间的关系网络，促进品牌共建合作成员间的交流合作，利用焦点成员在关系网络中的辐射作用提升品牌价值，并最终拓展了品牌资源与增强了品牌竞争力。因此，品牌共建理论对品牌发展来说具有划时代的意义，将品牌研究的关注点从顾客引向了更为广泛的利益相关者，是形成品牌治理理论的基石。

---

① Merz M A，He Y，Vargo S L. The evolving brand logic：a service-dominant logic perspective [J]. Journal of Academy of Marketing Science，2009，37（3）：328-344.

② Vargo S L and Lusch R F. Evolving to a New Dominant Logic for Marketing [J]. Journal of Marketing，2004，68（1）：1 - 17.

品牌治理（brand governance）

品牌治理可以被定义为在利益相关者参与品牌共建的条件下，以激励、约束和监督等机制保证合作过程高效、公正与合理的制度安排。

（1）品牌治理的特点

不少学者从其擅长的角度定义品牌治理，但由于品牌治理理论形成时间较短，至今还没有一个被学术界公认的概念。然而对品牌治理的研究主要关注以下四个方面：第一，品牌治理的治理对象。就这一问题学术界已经基本达成共识，认为其治理对象不仅包括公司与顾客，还包括所有对品牌感兴趣的利益相关者。正如 Fournier 和 Lee（2009）指出品牌治理已经逐步超脱于市场，应对包含全部利益相关者的综合关系框架进行通盘考虑①。第二，品牌治理的研究重点。大部分学者认为当前品牌治理研究应当聚焦于利益相关者在品牌共建过程中所形成的关系网络，并通过对关系网络的分析指导公司品牌化的进程。第三，品牌治理的方式与方法。由于公司内部权力配置难以对公司外部的利益相关者产生有效控制，学术界偏向于通过激励、监督、指导和制衡等方式对参与品牌共建的利益相关者进行引导，进而实现对外部利益相关者的治理。第四，品牌治理的目的。针对这一点，品牌研究者间还存在分歧与争论，以 Fuller（2010）为代表的学者认为品牌治理应服务于品牌价值②；而以 Ind 与 Bjerke（2007）为首的学者则认为品牌治理的目的在于通过规章制度保证品牌的良性发展③。本文以营销与治理的交叉领域为视角，认为品牌治理的目的是在保证公平、公正、合规与合法的合作条件下尽可能地实现品牌价值的最大化。

（2）品牌治理与品牌管理的区别

品牌治理理论作为新兴学术前沿同传统的品牌管理理论有很大不同。首先，品牌治理是以影响品牌价值的多元利益相关者所形成的网络为基础，通过对该网络中利益相关者的引导与制衡达到品牌共建的效果。品牌管理的目

① Fournier S and Lee L. Getting brand communities right [J]. Harvard Business Review, 2009, 87 (4): 105-111.

② Fuller J. Virtual co-creation of new products and its impact on consumers' product and brand relationships [C]. In Academy of Management Annual Meeting Proceedings, Montreal, 2010.

③ Ind N and Bjerke R. The concept of participatory market orientation: An organisation-wide approach to enhancing brand equity [J]. Journal of Brand Management, 2007, 15 (2): 135-145.

的在于通过满足顾客的需求提升品牌的无形资产。因此，品牌治理的核心理念是确保多元利益相关者间合作的公平、公正、合规与合法，品牌管理的核心理念则是探寻消费者的需求并加以满足。正是由于目的与理念的不同，品牌治理与管理在操作层面也存在较大的差异。品牌管理过程中将顾客视为创造品牌价值的内生资源，将利益相关者作为外生资源，而在品牌治理活动中，利益相关者与顾客一样，成为创造品牌价值的内生资源，并且品牌治理以突出品牌价值的创造过程为特点代替了品牌管理中强调的品牌交换价值，因此，品牌治理不同于品牌管理，更注重维持品牌与利益相关者间长期合作关系，而非追求通过某种利益相关者实现的短期品牌杠杆效应。利益相关者作用的变更，引起企业在品牌化过程中地位与角色的转变，在品牌管理中，企业处于统治地位，通过绝对控制实现以消费者为中心的规划、传播、提升和评估等职能。在品牌治理中，企业作为品牌共建活动的引导者，肩负着激励、监督、指导和制衡等职能（王彦勇，徐向艺，2013）①。品牌治理与品牌管理的区别如表 1–1：

表 1–1　品牌治理与品牌管理的区别

	品牌治理	品牌管理
理念	公平、公正、合规与合法	满足消费者的需求
目的	促进合作，实现品牌共建	提升品牌的无形资产
利益相关者角色	创造品牌价值的内生资源	创造品牌价值的外生资源
企业与利益相关者关系	长期合作关系	短期品牌杠杆效应
企业地位	引导者	统治者
职能	激励、监督、指导和制衡等	规划、传播、提升和评估等

（资料来源：王彦勇与徐向艺，国外品牌治理研究述评与展望［J］，外国经济与管理，2013）

品牌社群（brand community）

品牌社群早期被定义为“由赞赏某一品牌的顾客以一定社会关系构成的非地域性的专门的社群”（Muniz，2001）②，来源于学者对由顾客自发形成的针

① 王彦勇，徐向艺．国外品牌治理研究述评与展望［J］．外国经济与管理，2013，35（1）：29–36.

② Muniz，A. M.，Jr.，Albert，M.，and O'Guinn，T. C.，Brand Community［J］. The Journal of Consumer Research，2001，27（4）：412 – 432

对某一品牌的活动组织的观察，如最初的哈雷摩托车友会、乐高积木会员群体等。随着信息媒体的发展，品牌社群的组织形式出现了多样化与复杂化的趋势，比如当email取代了书信、互联网取代了电话，品牌社群成员间的联系已经不再被时间与空间所限制。进一步的研究发现品牌社群促进了公司与顾客之间的交流、协商与信息传播，构成了全新的品牌价值网络，为提升品牌价值提供了必要条件。然而随着研究的深入，越来越多的学者意识到单纯以顾客所构成的品牌价值网络往往存在结构性缺失，大大限制了品牌价值的提升空间，因此应将处于“结构洞”位置的某些利益相关者引入，从而进一步地完善品牌价值网络。为此，国内外学者纷纷重新定义品牌社群的外延，使利益相关者的因素被纳入品牌社群的研究范围。国内学者薛海波将品牌社群定义为由具有共同仪式和惯例、共同意识和责任感的消费者和企业营销人员与产品、品牌及其他利益相关者所共同组成的一种不受地域限制的群体，它建立在使用某一品牌的消费群体所形成的一系列社会关系之上①。

目前品牌社群理论中仍存在不少分歧与争议。首先，品牌社群的研究核心究竟是品牌关系还是核心顾客（focal customer）。本文认为核心顾客虽然是品牌社群成员的重要组成部分，但尚不足以成为研究核心，而品牌关系不仅是一切品牌合作的基础，还作为联系品牌社群所有成员的纽带，是品牌社群形成与发展的本源，应当处于品牌社群研究的核心地位。其次，品牌社群的成员也不应当只包括核心消费者与潜在消费者，应当把更为广泛的利益相关者纳入考虑范围，从而可以更为全面地构建推动品牌价值提升的关系网络。正如苹果公司提倡的全员参与式品牌社群，以苹果品牌为基石，吸纳了顾客、软件设计商、加盟体验店以及配件供应商等各种能带来品牌价值提升的利益相关者。最后，品牌社群的运作方式也并非完全自发，而是强调品牌拥有公司对其他参与者的引导，通过激励、监督与约束等手段，促进品牌社群成员合作，以协同与合力为目标，实现品牌共建。综上所述，本研究认为品牌社群是品牌治理的重要载体，不仅承载了参与品牌合作的全部利益相关者，并且品牌社群中所形成的关系网络正是品牌治理研究的重点，因此品牌社群为品牌治理的研究提供了基本框架。

---

① 薛海波.品牌社群的组织界定与形成机理研究［J］.外国经济与管理，2011，33（10）：33-41.

品牌治理融入度

品牌治理的行为与规范需要利益相关者的支持与参与，而利益相关者的参与程度直接决定了品牌治理的效果。因此，品牌治理融入度是衡量品牌治理效果的重要指标，强调多元利益相关者在品牌治理中的表现，通过观察利益相关者是否尽到应尽的义务、承担该承担的责任、获得属于自己的权益，来度量品牌发展的健康程度。由于品牌治理融入度是一种连续的状态，所以选取它为指标突出了以过程为导向的观点而非传统意义上的结果导向。其次，品牌治理的目的是在保证公平、公正、合理的原则下提升品牌价值，即健康的发展品牌更为重要。因此，与以品牌价值为度量指标相比，品牌治理融入度能更好地通过利益相关者的表现来预测品牌发展的合理性与公平性，而品牌价值过度依赖于市场表现，强调当前价值却忽略了品牌发展的健康程度。通过对前人研究的总结与品牌共建合作模型的分析，品牌治理融入度应主要体现在以下三个层面。

（1）归属意识

归属意识通常来自对整个品牌共建过程的认同，是开展品牌合作的基础，也是形成品牌治理的基本条件。只有当利益相关者觉得自己真正属于品牌社群，属于品牌治理系统之后，才会积极地执行其应尽的责任与义务。简单来说归属意识可以被理解为品牌治理参与者对环境及其他成员的认可，而该认可会严重影响到参与者的行为选择。比如，归属意识较高的成员，将自己视为品牌治理的一分子，不仅会积极地参与品牌共建活动，还会主动帮助其他成员，甚至对某些不良行为做出抵制或揭露，从而提高品牌治理效果；而归属意识差的成员则往往比较消极，不会主动参与品牌共建活动。更有甚者，一切从利己主义出发，只要有利可图便无视品牌治理的规章制度，合谋、偷懒行为严重，损害了品牌治理的效果与品牌的健康度。因此，归属意识作为影响品牌治理环境的先决条件是衡量品牌治理水平的重要指标之一。

（2）监督与维权意识

品牌治理过程中的监督与维权意识主要来自品牌共建过程中的品牌合作责任，同时品牌合作责任也是维系品牌治理存在并使之发展的重要因素之一，该责任与品牌社群中的社群责任类似。本研究借鉴 Muniz 与 O'Guinn（2001）的定义，认为社群责任是一种对于品牌社群整体以及其中个人的一种责任或义务的感觉①。通常来说，合作责任感越强意味着利益相关者在品牌治理中的监督意识越强，并能主动地监督品牌共建过程中的不公平事件并制止违规的行为，维护各方参与者的权益，从而提升了品牌治理的质量。然而，当责任感较弱时，利益相关者的监督与维权意识也会下降，可能会漠视某些不公平行为的发生，并选择明哲保身对违规操作并不做出反应，影响了品牌发展的健康程度，也削弱了品牌治理的水平与效果。所以，监督与维权意识体现了利益相关者在品牌治理过程中是否尽到必须的义务，是保障品牌治理公正、公平、合理的重要指标之一。

（3）可持续发展潜力

可持续发展潜力揭示了品牌共建的生命力，可以被简单地定义为在多大程度上，利益相关者愿意与其他参与者继续展开合作。值得注意的是可持续发展潜力容易受到品牌共建的很多内外因素的影响，如参与关系、激励程度等内部因素以及合作环境等外部因素，因此波动比较强烈。特别是对基于心理契约而加入品牌社群的成员来说，每时每刻的合作态度都是在变化的。然而，不可否认的是持续发展潜力对于品牌治理的发展具有重要作用。通常在品牌治理过程中，持续发展潜力越高，利益相关者越容易摒弃当前矛盾，形成一个团结的集体，进而形成合力并实现利益相关者间协同；反之，则品牌治理系统难以长存，利益相关者间冲突不断，致使品牌治理措施不能落实。也就是说，可持续发展潜力决定了品牌治理的生命力与执行能力。因此，该因素也是衡量品牌治理效果的重要指标之一。

1.3 品牌治理研究框架

1.3.1 研究目的

由于不同的利益相关者在品牌治理过程中的责任与表现不尽相同，不同的表现又严重影响到品牌治理的水平，为了能够更好地分析品牌治理过程中多元利益相关者的分工与合作，从而为公司的品牌治理进程提供指导与建议，

① Muniz, A. M., Jr., Albert, M., and O'Guinn, T. C., Brand Community [J]. The Journal of Consumer Research, 2001, 27 (4): 412 - 432

本文在借鉴品牌治理理论、公司治理理论、服务主导逻辑理论、品牌共建理论及品牌社群理论等相关科研成果的基础上，确立了本文研究的五个基本目标：

第一，以市场营销与公司治理的交叉领域为视角，在兼顾效率与公平的基础上研究品牌治理。现阶段的研究大多在市场营销领域内，以品牌价值为关注点忽略了对公平性与合理性的分析；而少部分以公司治理为视角的文献往往只关注公司的权利分配与社会责任，缺乏对各参与者行为动机的分析。营销视角下的品牌治理研究因为以品牌利益为导向，使其倾向于短期的利益追求，无法对利益相关者合作过程中的监督、约束行为进行指导，更不能保证品牌发展的长期健康性。公司治理层面下的品牌治理研究，虽然寄希望于建立准则与规范约束参与者行为，但缺乏利益动机的考虑使之难以落在实处。本研究从市场营销层面分析多元利益相关者的诉求与相互关系，为指导它们加入品牌治理奠定基础，并在治理层面上研究利益相关者在品牌治理中参与合作的各种动机，从而保证品牌沿着健康的道路发展。因此，从治理与营销的结合视角不仅是品牌治理研究领域内新的探索，也是对现有品牌治理理论的完善与补充。

第二，在研究品牌治理的过程中，将利益相关者重新划分，设计一种便于品牌研究的分类。利益相关者最早来源于公司战略，是便于公司治理问题的一种分类方式，所以传统利益相关者分类与品牌研究的关注方向不同，如债权人、股东等在公司治理中作为决定性的组成部分，却未必对品牌的发展起到决定性作用。其次，公司治理中某种利益相关者往往作为整体考虑，而品牌活动涉及的利益相关者通常只是其中的一部分，如使用利益相关者的分类名称会造成界定模糊与描述不便等问题。最后，由于不同的品牌战略，即使同种利益相关者在不同公司的品牌化过程中起到的作用也相差甚远，给得出品牌治理领域内普适性的研究结论造成极大的障碍。因此，本文设计一种全新的利益相关者分类方式，以品牌为导向，以品牌合作中利益相关者间的关系为特征，使其不仅可以突出品牌业务的特性和克服界定模糊的弊端，还能降低因公司品牌战略不同而带来的研究不便。

第三，探索利益相关者参与品牌治理的根本诉求。在品牌治理过程中，大量利益相关者自发参与，并以心理契约维系合作，然而心理契约属于一种综合的心理感受，难以调查参与者在品牌治理中到底获得了何种利益，该利益具体有多少。所以，当前学者们多是通过借鉴社会学与心理学的相应成果分析影响利益相关者参与品牌治理的各种因素，其结论看似复杂却难以把握参与者根本上的诉求。借鉴心理学与社会学的成果，从一定程度上简化了探索影响因素的步骤，如李智娜（2011）基于仪式、沉浸、体验等理论，将品牌共建中参与者获得的利益划分为功能性价值、社会性价值、认知性价值与享乐性价值等几种①，但不可否认的是这种影响因素分析方式是从品牌合作中通过利益相关者的已经获得的利益反推他们的心理，无法从根本上体现利益相关者加入品牌治理的根本诉求，因此本文以经济学范式模拟公司与利益相关者参与品牌治理的过程，通过对经济人假设与心理契约理论的结合，以利益相关者的心理期望为切入点，探索影响他们在参与品牌治理中的原因及条件。

第四，在分析参与品牌治理的影响因素之后，新的目标被提出：究竟如何度量品牌治理水平？由于涉及无形的品牌资产，使对品牌治理效果的分析困难重重，当前大部分研究多以品牌价值的提升量为衡量指标评价品牌治理水平，然而该指标既有优势也存在劣势。首先，品牌价值的提升是品牌治理的最终目标，且良好的品牌治理水平本身就能推动品牌价值的提升，加之各类品牌评估机构每年对品牌进行估值，使品牌价值数据较易获得，为评价品牌治理提供了便利条件。但是也应注意到当公司与利益相关者通过“合谋”“虚假宣传”等手段也可带来品牌价值的短期提升，该手段与品牌治理提倡的品牌健康发展道路相悖，严重违反了品牌治理理论的初衷。因此，以品牌价值作为衡量品牌治理的指标也有其无法克服的弊端。为了更准确、全面地评价品牌治理水平，本研究引入品牌融入度这一概念，提倡以品牌治理过程为导向，通过各种利益相关者完成品牌治理任务与履行应承担的责任等要素对品牌治理的效果与水平进行评价。

第五，揭开品牌治理运行“黑箱”，并通过品牌治理的发展演进过程探索其作用效果。传统品牌治理研究往往将品牌治理的运行过程视为“封闭黑箱”，没有考虑品牌治理从初步建立，经过发展不断进化的过程。为了解开品

---

① 李智娜. 在线品牌社群中互动性对品牌忠诚度的影响研究［D］. 复旦大学，2011.

牌治理运行“黑箱”，本文以利益相关者参与品牌治理的影响因素作为形成品牌治理的起点，以深化因素揭示品牌治理的发展，以品牌治理融入度评价品牌治理水平，构建了从品牌治理形成，经过发展，再到测量的研究模型，并通过实证方法检验该模型，根据实证结果分析品牌治理机制。在综合品牌治理激励、监督、约束机制的基础上，探索品牌治理效果形成机理，分析实物层面中品牌治理的作用。

1.3.2 研究问题

结合研究目标，本研究提出以下五个问题：第一，在公司治理与市场营销的结合视角下，应当如何定义品牌治理？第二，在品牌治理过程中，利益相关者应当如何分类？第三，利益相关者在品牌治理过程中的诉求有哪些，各承担什么作用？第四，如何衡量品牌治理水平？最后，品牌治理是如何发展运行的，又会产生何种效果？

结合研究目标与上述问题，本研究以严谨的经济学范式推导利益相关者在品牌治理中的利益诉求，并以这些诉求为基础，通过定性研究的方法在实地调研中，与参与品牌治理的利益相关者进行讨论，将这些利益诉求转化为影响利益相关者在品牌治理表现的因素，将这些因素带到品牌治理所形成的利益相关者关系网络中，通过分析影响因素的成因与作用，加强利益相关者互动关系，再根据利益相关者分类，分别讨论不同利益相关者在品牌治理中的特征与表现，补充完善品牌治理的理论框架。最后以品牌融入度为衡量品牌治理水平的手段，构造“品牌治理形成（参与品牌治理的影响因素）—品牌治理加深（品牌治理深化因素）—品牌治理水平测量（品牌治理融入度）”的理论研究模型。根据研究成果，在实务层面为公司提出深化品牌治理的建议，并为改革当前品牌治理措施提供理论指导。

1.3.3 研究方法

科学是通过观察、调查和试验而得到的系统知识，科学的方法应遵循客观性、实证性、规范性、概括性和思辨性五大原则（李怀组，2004，P6-

10）[①]。本文从市场营销与公司治理的结合视角上，研究多元利益相关者在品牌治理中的特征及对品牌治理融入度的影响，通过对品牌治理过程中不同性质的利益相关者分类，分析不同种类的利益相关者对促进并完善品牌健康发展道路的重要价值与意义。力求将理论上的可行性与实践中的可操作性相结合，提出一种以公平、公正、合理、合法为原则，兼顾提升品牌价值的品牌治理发展道路。具体来说，本文采用文献研究、数理分析、实地访谈与实证研究等方法开展相关研究，运用情况阐述如下：

（1）文献研究法

文献研究通过汲取前人理论成果中的养分，对挖掘研究焦点，获得理论背景信息，探索学术前沿以及理顺研究思路具有重要的指导意义，是开展学术研究的基本前提。首先，本文以"品牌治理""品牌逻辑""品牌共建""品牌社群""服务主导逻辑""品牌产权""品牌杠杆"与"心理契约"等为线索，通过山大在线图书馆与谷歌学术等搜索平台，对品牌治理的相关中文文献进行检索；以"brand governance""brand logic""brand co-creation""brand community""service-dominant logic""ownership of brand"与"brand leverage"等为关键词，通过 JSTOR、EBSCO、Elseviers Science 等搜索引擎对外文文献进行搜索。在查阅基于品牌治理研究的大量中外文献的基础上，首先对品牌治理在本研究的外延与内涵作出界定。其次，通过将心理契约理论与品牌治理理论相结合，梳理利益相关者诉求，提出品牌治理的影响因素。最后，结合品牌社群理论，提出品牌治理融入度，为衡量品牌治理效果奠定基础。

（2）数理分析法

数理分析法可以通过数字描述问题，将较为复杂的实际问题通过数学公式表达出来，在现代经济学研究中具有广泛的应用。由于本研究中品牌共建的合作过程涉及心理契约，其决定因素是一种复杂的心理感受，通过前人研究成果的归纳与演绎，往往不能全面地展示参与者的心理过程，也不能从根本上反映参与者的心理诉求。因此，本文在探索利益相关者加入品牌治理活动的参与心理时，主要采用数理分析方法，将公司与其他利益相关者的参与心理进行了数学描述，并通过心理契约与柯布－道格拉斯（Cobb-Douglas）生

---

① 李怀组．管理研究方法论（第二版）［M］．西安：西安交通大学出版社，2004，P6-10

产函数，建立探索参与者心理预期的数理模型，以利益相关者的心理预期提取其在品牌治理过程中的心理诉求，为后续研究品牌治理的影响因素奠定基础。采用数理分析法不仅丰富了本文的研究方法，使研究体系更加丰满，同时也使得研究的过程更具有科学性与说服力。

（3）实地访谈法

实地访谈法主张调查者与被访者通过面对面的接触与交谈，获得研究所需的第一手资料，是一种在社会研究中被广泛应用的研究方法，有助于研究者接触到理论不太关注但存在于现实世界的情况，因此对修正理论及提升理论的实践指导能力具有重要意义。为了能使研究假设落于实处，在通过文献研究法与数理分析法建立理论基础与框架之后，本研究选择了在相关领域具有扎实理论基础的专家和实践经验丰富的品牌管理者，进行了开放式的访谈。访谈的焦点主要集中在如何将利益相关者诉求转化成为提升品牌治理效果的影响因素，并进一步确立品牌治理影响因素的内在维度以及提出研究假设与设计调查问卷。随后在以由车友会、4S 店、维修中心、交通广播、媒体与政府职能部门构建的品牌治理系统中，追踪考察奔驰不同利益相关者的行为与表现，并对其中部分利益相关者进行了半结构化访谈，对研究的内容进行优化与调整。

（4）实证研究法

实证研究法是当前应用最广泛的研究方法之一，其目的是认识客观现象，向人们提供实在、有用、确定、精确的知识，其重点是研究现象本身“是什么”的问题。实证研究法不仅有助于认识客观事实，研究现象自身的运动规律及内在逻辑，还根据经验和事实进行检验，保证结论的客观性。本文通过调查问卷获取实证研究所需数据，并进行了预调查。针对预调查所获得的小样本数据，使用 SPSS19.0 对 232 份调查问卷进行分析，通过项目总体相关系数（CITC）等指标检验初始量表信度，以因子分析提炼与修正调查问卷条款，并根据净化与修正的调查问卷进行调查获取研究所需的最终样本数据 581 份。再采用 SPSS19.0 与 AMOS17.0 相结合，通过结构方程模型分析与验证品牌治理影响因素、品牌治理参与因素、品牌治理融入度等几个潜变量间各种关系，使用了包括因子分析法、多元回归分析法，分析内容包括描述性统计分析、量表效度和信度分析，因子分析和影响性分析等多种数理统计方法。

1.3.4 研究的技术路线

本文的技术路线见下图 1–1：

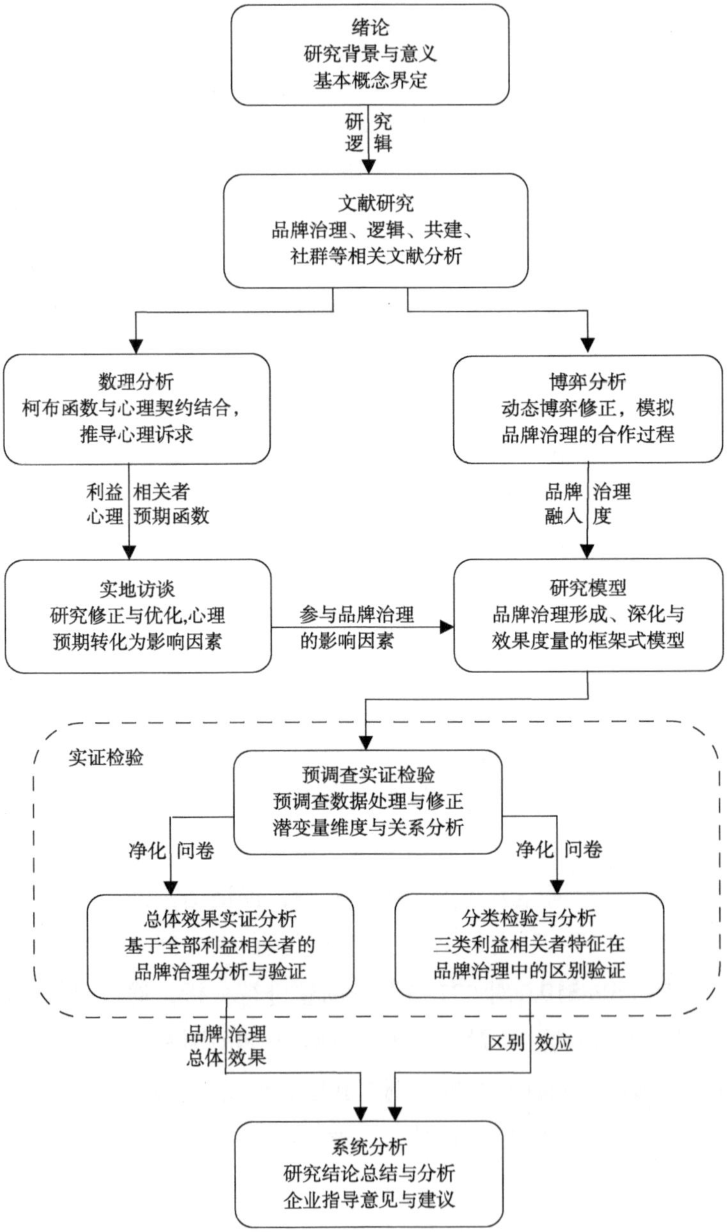

图 1–1 研究技术路线图

1.4 研究的创新点

本文以品牌治理为研究对象，在总结归纳前人研究成果的基础上，通过经济学范式的推导与博弈分析，提出研究主张，并以实证研究的方法进行验证。在研究的过程中主要创新点如下：

首先，以利益相关者为研究中心，通过探索影响品牌治理发展的参与和深化因素揭示并验证了品牌治理发展的内在动因，克服以公司为主导的传统分析模式存在的弊端。品牌治理的本质在于维护品牌共建高效与健康的运行，然而在该过程中，公司只能提出价值主张，充当引导者的角色；利益相关者才是共建行为的承担者与决定者。所以，对品牌治理的研究应当以利益相关者为主导，而非以品牌所属公司为主导。但是现有对品牌治理的研究通常以品牌所属公司为中心，通过利益相关者在共建过程中的既得利益反推参与者诉求或影响因素，该研究思路只能反映品牌所属公司向利益相关者提供了何种利益，却无法准确地体现利益相关者在品牌治理中真正的参与动机与合作诉求。另外，现有研究往往突出品牌价值的创造过程，缺乏对品牌治理本身发展动因的思考。本研究以利益相关者为研究中心，从利益相关者参与品牌治理的心理预期出发，根据严格的经济学范式，以数理分析的方法，推导参与者在品牌治理中的心理诉求，进而找到影响品牌治理参与和发展的关键因素，从而构建从品牌治理形成到深化的研究框架，揭示了品牌治理发展的内在动因。

其次，扎根于市场营销与公司治理的交叉视角，以品牌治理融入度代替品牌价值作为观测品牌治理效果的关键指标，兼顾了品牌治理在品牌共建过程中的效率与公平，弥补了现有财务指标主导的测量缺陷。品牌治理研究本就涉及市场营销与公司治理两个领域，在市场营销层面的研究中，品牌治理作为提升品牌价值的有效手段，即侧重于品牌治理在实现品牌价值过程中的效率研究；在公司治理层面的研究中，品牌治理作为引导利益相关者参与品牌共建的保障因素，即侧重于对品牌共建中公平性的研究。然而品牌治理本身既肩负着构建全新品牌化道路并提升品牌价值的责任，同时也承担着保障品牌健康发展的重任。所以，单一视角无法准确衡量品牌治理的效果，特别是当前品牌治理研究中最常用的财务指标过度关注品牌治理创造品牌价值时的效率，忽略了对品牌共建过程中公平性的考虑。本文为克服这一研究缺陷，创新性地提出品牌治理融入度的概念，通过利益相关者在品牌治理过程中的融入程度衡量品牌治理的效果，该衡量指标不仅能反映利益相关者对品牌共建中公平程度的感知，还可以体现利益相关者在创造品牌价值过程中的参与程度。因此，品牌治理融入度实现了提升品牌价值与保障品牌共建公平性之间的有机平衡，有利于指导在以提升品牌价值为动机的品牌共建活动中寻找品牌治理规范，在公平、公正的合作过程中探索品牌高速发展潜力。

第三，以品牌情感与拥有资源两个维度对利益相关者进行划分，设计出适合品牌治理研究的利益相关者分类方式，克服传统利益相关者分类在品牌治理研究中造成的界定模糊与结论普适性下降等局限。品牌治理是依托于品牌共建这种新兴品牌化发展模式而产生的全新理论，在该理论中，利益相关者不再作为公司治理的基本单位，而是创造品牌价值的不同环节，即不同的利益相关者各司其职，通过在品牌价值网络内的辐射作用，为品牌的监督、传播、发展贡献力量。因此，在品牌治理研究中，不论将利益相关者视为统一整体还是沿用传统公司治理的分类方式都不利于揭示其在参与品牌治理过程中的特征与个性。然而，当前品牌治理研究仍将利益相关者视为一个整体或沿用传统的分类方式，不仅造成界定模糊问题，限制了对品牌治理中利益相关者所扮演角色的分析；还致使研究无法聚焦于品牌，忽略了利益相关者在品牌治理中的特性，降低了研究的普适性。本研究以品牌为导向，根据利益相关者在品牌治理中拥有的专有资源与品牌情感对其进行分类，形成了备用型、奉献型、权益型、伙伴型四类利益相关者，并针对奉献型、权益型、伙伴型三类对品牌治理作用较大的利益相关者进行检验，揭示了不同利益相关者在品牌治理过程中特点与表现的区别，提高了研究的准确性并证明了新分类方式的科学性。

第 2 章　文献综述

在实务层面，品牌治理为整合与利用品牌利益相关者所拥有的资源克服传统品牌管理中的弊端提供指导，同时也是有效分配品牌经营决策权的重要依据。在推动品牌价值提升与规范品牌发展道路的过程中，品牌治理行为的价值与效果已经得到了国内外理论界与产业界的广泛认可，并作为可以克服传统品牌管理弊端的新兴理论，寄托了研究者与品牌管理者的希望。品牌治理作为西方品牌研究领域的新前沿与热点，吸引了大量学者从不同的视角开展研究，产生了丰硕的理论成果。然而由于品牌治理研究的历史较短，很多研究方向仍未形成较为统一的认识。本文通过对相关文献的梳理，首先对品牌治理的起源与定义做出分析，介绍品牌治理的理论基础，进而从利益相关者与品牌社群两个视角对品牌治理的共建与治理机制进行归纳，通过总结和吸收已有研究理论与成果，确立本文研究的理论基础，为后续章节的研究提供重要的理论支撑。

2.1 品牌治理的起源与界定

根据现有文献梳理，对品牌进行治理的思想，最早来源于实践层面，可以追溯到 2001 年。Underhill（2001）以 SPHERICAL 公司首席执行官的身份，从实务角度提出通过品牌经营权与董事会经营权的分离与结合，完成品牌对利益相关者的承诺，并以《谁来治理品牌》为题将其思想发表①。然而，当时学者们还没有意识到利益相关者在品牌发展中的关键作用，所以品牌治理的思想并没有得到当时学术界的认同与关注。直到 Ind 与 Bjerke（2007）通过提倡品牌建设过程中的利益相关者全员参与模式②，定义了品牌治理才将该理论推向了当前品牌研究领域的前沿。随后大量涉及品牌治理的研究被发表，使

① Underhill R W. Who's governing the brand？［J］Marketing Mindset，2001，25（4），p13-13.

② Ind N and Bjerke R. The concept of participatory market orientation：An organisation-wide approach to enhancing brand equity［J］. Journal of Brand Management，2007，15（2）：135-145.

其迅速成为品牌方向上的研究热点。观察品牌治理研究的发展历程，不禁引发大量学者的思考，品牌治理的起源是什么？出现与兴起的条件是什么？又是如何定义的？本节就这几个问题展开分析，通过归纳前人文献与研究成果进行解释。

2.1.1 品牌治理的起源

品牌治理的实践起源

早期的学者认为品牌价值的源泉来自顾客，因此提升品牌价值的手段应侧重在市场条件下发展和维持品牌与顾客的关系（Aaker 1997；Fournier 1998；Gobe 2001）①②③。随着品牌理论的发展，许多学者对品牌价值的产生源泉进行了重新思考，并发现品牌逐渐超脱了市场和顾客成为一种对全部品牌利益相关者的综合反映。Gregory（2007）也指出通过对话与协商，整合品牌内外部利益相关者的资源对品牌意义与价值的发展有积极作用④。利益相关者被纳入品牌价值分析过程，填补了构建传统品牌价值体系时，公司与顾客关系间的结构洞，使得品牌价值能够被更广泛与便捷地接受与传递。王海忠与刘红艳（2009）将这种利益相关者对品牌价值提升的作用命名为品牌杠杆，并指出品牌杠杆是未来品牌建设的重要发展方向⑤。品牌价值的源泉逐渐超脱了传统意义上的市场，正在从公司与顾客的二元关系向由不同利益相关者共同创造的多元关系进化。Merz 等人（2009）将品牌价值源泉的变革定义为品牌逻辑的进化，提出品牌价值提升的关键从简单的服务顾客转变成为整合品牌利益相关者实现品牌的共建，从而指出品牌从管理时代迈向了治理时代，利益相关者间关系的研究正在取代从前的关系管理，成为公司发展品牌的重点与基

---

① Aaker J L. Dimensions of brand personality［J］. Journal of Marketing research，1997：347-356.

② Fournier S. Consumers and their brands：developing relationship theory in consumer research［J］. Journal of consumer research，1998，24（4）：343-353.

③ Gobe M. Emotional Branding：The new Paradigm for Connecting Brands to People. New York：Allworth Press，2001.

④ Gregory A. Involving Stakeholders in Developing Corporate Brands：the Communication Dimension［J］. Journal of marketing management，2007，23（1-2）：59-73

⑤ 王海忠，刘红艳 . 品牌杠杆——整合资源赢得品牌领导地位的新模式［J］. 外国经济与管理，2009，5：23-29.

石[1]。

品牌价值源泉的转变引发了品牌价值网络的进化，使之从简单的公司——顾客二元关系变革为基于各种利益相关者的复杂网络。Fournier 和 Lee（2009）指出如今影响品牌价值的因素并不仅仅涉及企业、市场与顾客三个层面，而是扩展到由各种利益相关者构成的网络，此网络也由于品牌含义的转变正逐渐超脱于传统的市场功能[2]。Schau 等人（2009）进一步地发现利益相关者间的社交网络代替了传统的基于市场而建立的交易关系网络，成为实现品牌价值的重要组成部分[3]。正是基于利益相关者间社交网络中各种关系的连续性，影响品牌价值的因素所构成的不再仅仅是一种不连续的关系网络，而是一个连续的复杂体系。例如，当某一利益相关者与公司发生品牌行为时，其产生的影响可以沿着品牌价值体系的连续网络在所有利益相关者间传递，为品牌影响产生"杠杆"效果。在由多元利益相关者通过社交网络构成的品牌价值网络中，如何协调利益相关者关系以实现品牌共建成为了新形势下品牌发展的重点，而传统品牌管理手段过度关注顾客，忽略了其他利益相关者。作为首先肯定了利益相关者在发展品牌价值中作用的品牌治理理论，超越了传统市场理论的局限，以更为全面的利益相关者为目标，拓宽了提升品牌价值的思路。

品牌价值源泉与网络的变革引发品牌运营模式的变化，最终导致了品牌产权的分离。品牌的发展不再仅依靠公司的努力，还需要公司与利益相关者的协同合作。在新的品牌价值系统内，通过基于利益相关者的品牌社群间网络关系与社会影响实现的品牌共建，才是新形势下提升品牌价值的最佳手段。随着品牌共建理论的出现和流行，各种利益相关者的合作在品牌化过程的意义与作用越来越明显，但这种合作在一定程度上模糊了品牌的产权边界。Hatch 和 Schultz（2009）建议重新考虑公司品牌化的意义，他们认为品牌含义

---

① Muniz, A. M., Jr., Albert, M., and O'Guinn, T. C., Brand Community [J]. The Journal of Consumer Research, 2001, 27（4）: 412 - 432

② Fournier S and Lee L. Getting brand communities right [J]. Harvard Business Review, 2009, 87（4）: 105-111.

③ Schau H J, Muniz Jr A M, Arnould E J. How Brand Community Practices Create Value [J]. Journal of Marketing, 2009, 73（5）: 30-51.

被一分为二，首先代表了公司，其次代表了参与品牌共建的利益相关者①。其实，第一种品牌含义隐喻了品牌的所有权，公司仍是品牌的所有者，所有品牌代表了企业。而第二种品牌含义是指当各种利益相关者承担品牌合作项目时，将自身的理念与信仰也加入了品牌之中，所以品牌也代表了这些利益相关者，在一定程度上隐喻了品牌的日常经营控制权。随着品牌产权分离，品牌涉及的要素大量增加，市场营销部作为传统品牌决策的执行者已经难以胜任如今的任务，发展一种更高级更全面的品牌治理模式刻不容缓，为品牌治理理论的出现奠定了基础，并且品牌治理继承了公司治理理论的思想，在处理由产权分离导致的一系列问题时，具有先天优势。

综上所述，无论是品牌价值的源泉的变革、品牌价值网络的进化，还是品牌管理模式的转变都向品牌指导思想提出了更高的要求，为品牌治理理论确立了研究目标。在品牌化建设的复杂体系中，创造品牌价值所依赖的不仅是个体行为，更多的需要利益相关者围绕提升品牌价值这一目标的共同参与创造行为。也就是说，当前品牌发展的核心是通过强化利益相关者间的关系网络，促进品牌共建合作成员间的交流合作，利用焦点成员在关系网络中的辐射作用提升品牌价值与增强了品牌竞争力。然而，由于对品牌兴趣和影响能力的不同，不同利益相关者在品牌共建过程中从自身利益的角度对行使品牌的权、利、责提出具体的要求，却并不一定能达成共识，从而引发矛盾与冲突并影响了品牌的发展。为了促进多元品牌社群共同合作建设品牌，维持品牌化进程的良性发展，研究如何协调多元利益相关者间关系成为品牌治理的首要任务。李维安与牛建波（2011）提出公司治理的三要素分别为规则、合规与问责②。这三要素同样可以被引入到品牌治理中，以不同利益相关者的诉求为基础制定公平的品牌治理规则，以激励、监督机制促进品牌共建活动能合规地运行，以约束机制对品牌治理中违规现象进行问责，保障品牌建设的健康发展。

品牌治理的理论基础

品牌治理思想并非凭空产生，它的出现和完善是多种品牌理论发展与互

① Hatch M. Schultz M. Of bricks and brands. From corporate to enterprise branding［J］. Organizational Dynamics, 2009, 38（2）：117－130.

② 李维安 牛建波 . CEO 公司治理［M］. 北京大学出版社，2011.

动的结果，本节以市场逻辑理论、品牌社群理论和品牌共建理论为基础剖析品牌从管理向治理转变的形成机理。

（1）市场主导逻辑理论

Vargo 和 Lusch（2004，2008）通过梳理文献发现，市场从产品主导逻辑逐步变更为服务主导逻辑，然而作为与市场密不可分的品牌运营模式也产生了重大变革[①②]。因此，市场主导逻辑的转变对基于品牌共建的全新品牌化模式的产生与品牌治理理论的形成具有重要引导作用。在服务主导逻辑的市场环境中，代表服务的专业知识与技能才是市场交换的基础，产品只是提供服务的传导机制，企业并不能提供价值，只是提出价值主张，作为操作资源的顾客与社会、经济成员，即利益相关者才是市场资源的融合者，品牌价值的创造者，以及核心竞争力的提供者。服务主导逻辑的提出被认为是打破自工业时代以来的市场逻辑，具有划时代的意义。同年，美国市场营销协会（AMA）也重新定义了市场营销的概念，突出其组织功能与价值的创造过程，并将企业与利益相关者关系纳入营销的考虑范围，并在 2008 年，进一步改进，明晰了市场营销组织功能的含义，同时也对利益相关者的范围加以说明[③]。

随着市场主导逻辑的发展，服务的概念被深化为利用知识与技能处理资源创造价值的过程。于是，作用于其他资源而产生价值的资源，如知识、技术与竞争力等，被定义为操作性资源（operant resource），而被操作的资源，如生产原料等，被称为对象性资源（operand resource）。传统品牌理论强调顾客对品牌价值的感知或体验等，认为顾客与其他利益相关者作为对象资源是品牌价值的接受者。在服务主导逻辑中，企业是品牌价值的提议者而顾客与其他利益相关者才是品牌价值的决定者，充分承认利益相关者在品牌价值创造过程的内生性与品牌管理活动中的主动性，承认品牌价值由利益相关者共同创造。因此利益相关者作为操作性资源，企业产生了将其引入品牌合作的动机，从而引起了品牌含义的演变，品牌从单纯的企业标识衍化为代表企业

---

① Vargo S L，Lusch R F. Evolving to a new dominant logic for marketing［J］. Journal of marketing，2004：1–17.

② Vargo S L and Lusch R F. Service–Dominant Logic：Continuing the Evolution. Journal of the Academy of Marketing Science，31（1），2008：1 - 10.

③ AMA. The definition of marketing［OL］. http：//www.marketingpower.com/AboutAMA/Pages/DefinitionofMarketing.aspx

与利益相关者的统一集合体。品牌价值产生机制与含义的改变使品牌研究方向从有形的对象性资源与市场交易转变为操作性资源与价值共建过程，为品牌治理理论的出现奠定基础。

然而 Berthon 等人（2009）指出利益相关者间各自为政，其行为的多样性与变化性会模糊品牌的核心识别能力①。更严重的是利益相关者作为一种操作资源，在创造品牌价值时不可避免地需要公司权力上的支持，从而引发分权行为，从而在一定程度上导致管理权力被利益相关者架空，公司不得不承担更高的风险。因此，建立一种约束、制衡机制对由多元利益相关者共同参与的品牌共建活动进行引导成为品牌研究的重点与前沿。由此可见，品牌逻辑进化理论不仅对揭示品牌治理形成机理具有重要指导意义，还为发展以公司为主导，多元利益相关者共同参与的品牌治理模式奠定了基础。

（2）品牌社群理论

Muniz 等人（2001）在分析传统社群的基础上首次提出了品牌社群的概念，即“由赞赏某一品牌的顾客以一定社会关系构成的非地域性的专门的社群”，共同意识、仪式与传统以及道德责任感则是维系品牌社群存在的基础②，由于品牌社群促进了企业与顾客之间的交流、协商与信息传播，为提升品牌价值提供了必要条件。McAlexander 等人（2002）延续前人观点指出，品牌社群成员通过社群关系网络直接或间接地分享消费体验并提高对品牌的欣赏，因此，品牌社群的核心实际是以消费者为中心，包含了消费者与品牌、消费者与企业、消费者与产品以及同类消费者之间四种关系而形成的关系网络③。然而，Ind 和 Bjerke（2007）通过提出参与性市场导向理论指出品牌发展不应过度依赖传统的市场交流，要将企业内部全部员工与外部品牌利益相关者作为社会资源统一地考虑进来④。Fournier 和 Lee（2009）也在分析企业与品牌社群成员关系结构时提出此关系网络涉及了企业战略所以不应该仅仅停留

---

① Berthon P, et al. Does brand meaning exist in similarity or singularity [J]. Journal of Business Research, 2009, 62 (3): 356 - 361.

② Muniz, A. M., Jr., Albert, M., and O'Guinn, T. C., Brand Community [J]. The Journal of Consumer Research, 2001, 27 (4): 412 - 432

③ McAlexander J H, Schouten J W, Koenig H F. Building brand community [J]. The Journal of Marketing, 2002: 38–54.

④ Ind N and Bjerke R. Branding Governance [M]. London: Wiley&Sons, 2007: 38–41; 81–84.

在市场营销的功能上，而应对包含全部利益相关者的综合关系框架进行通盘考虑[①]。由此，品牌社群的外延得到进一步的延伸，利益相关者与企业、品牌、顾客的关系作为新的研究维度被增加进来。

品牌社群理论的发展为品牌研究提供了新的思路，例如不少学者发现大多自称满意的顾客对品牌并不忠诚，并将此现象称为“满意陷阱”。“满意陷阱”否定了传统品牌理论中顾客满意与顾客忠诚的因果关系，不仅困扰品牌研究学者，也对企业培养品牌忠诚的模式提出挑战。然而以品牌社群理论所强调的关系网络为调节变量，对更准确地揭示顾客满意与忠诚间关系具有重要意义，关系研究成为品牌研究的新热点。值得注意的是，品牌社群中的关系并不等同于传统品牌理论中关系，首先，品牌社群中，关系不仅包括基于市场建立的交易关系，如契约下的合作关系；还包括代表社群成员拥有社会资本的社会关系，如社群成员的社交圈等。其次，品牌社群中，各种关系不再作为离散的存在，而是形成统一、紧密的关系网络，企业在关系网络中寻找提升品牌价值的潜在机会。总之，品牌社群为品牌研究提供的新的视角，基于关系网络的合作过程代替传统的交易过程，成为挖掘品牌价值的主要手段，而协调、管理复杂的关系网络成为品牌研究的新焦点，对参与品牌合作的多元利益相关者进行治理成为实现品牌价值的新模式，为了适应新环境，品牌管理逐步向品牌治理进化。

（3）品牌共建理论

Merz 等人（2009）通过梳理前人文献指出品牌共建就是由利益相关者参与，通过社会关系与互动，提升品牌价值的合作过程。Iansiti 和 Levien（2004）指出依赖企业与顾客二元关系的传统品牌发展模式已经过时，基于利益相关者生态系统所形成的关系网络与社会互动才是现今提升品牌价值的主要手段[②]。然而，实现品牌共建却面临各种困难，经济视角下，企业与利益相关者在品牌共建过程中，对各自应支出的成本及可获收益不一定能达成共识，加之品牌发展受到项目预算的刚性限制，使企业与利益相关者间难免会产生利益矛盾和冲突，这些矛盾与冲突无疑会影响到品牌的发展。并且，利益相关

① Fournier S and Lee L. Getting brand communities right [J]. Harvard Business Review, 2009, 87 (4): 105-111.

② Iansiti M and Levien R. Strategy as Ecology [J]. Harvard Business Review, 2004, 82 (3): 68 - 78.

者从自身利益出发，对划分、行使品牌的权责提出各种的要求，往往进一步加深了企业与利益相关者间的矛盾和冲突。因此，通过分析利益相关者的诉求制定公平的规则，通过激励、监督机制促进利益相关者间的品牌合作，通过约束机制对违规现象进行问责，成为保障品牌共建的必要手段。而确保品牌合作的公平性、合理性、合法性与维护健康的合作环境不仅成为品牌共建模式下发展品牌的新特点，也为品牌治理研究提出新的课题与挑战。

2.1.2 品牌治理的成因

大量学者对品牌治理形成的动因进行了分析，品牌含义的变革通常被认为是品牌治理思想形成的内部动因。Hatch 和 Schultz（2009）重新定义了公司品牌化的概念，指出品牌并非仅代表企业自身，由于利益相关者参与各种品牌活动，并将各自的梦想、希望、计划和忧虑融合在品牌中，品牌也应体现参与品牌活动的全部的利益相关者①。品牌含义的变革对管理活动提出了更高要求，即对参与品牌共建的利益相关者群体进行治理，同时为研究品牌治理提供内在动因。Helm 和 Jones（2010）提出被授予更多权力的顾客，各种信息媒体的广泛应用，越来越激烈的竞争，市场环境的不确定性等因素增加了品牌发展的压力，是品牌治理思想出现的外部原因②。公司品牌发展的压力，暴露公司难以独立地把握市场和应对危机的弱点，越来越多企业以构建品牌社群或品牌业务外包等形式与利益相关者联合起来，从而形成新的品牌发展模式。在此模式下，企业在需要与其利益相关者分享品牌经营权，而以往不可分割的品牌资产与权利产生了一定程度的分离，从而为研究品牌治理提供外部动因。

除却上述的内、外动因，以 Ind（2007）为代表的学者将传统品牌管理模式的局限作为品牌治理思想出现的直接原因③。Merz 等人（2009）指出新时代要求品牌管理者站在更高的层次上对所有的品牌利益相关者进行通盘考虑，

---

① Hatch M. Schultz M. Of bricks and brands. From corporate to enterprise branding [J]. Organizational Dynamics, 2009, 38 (2): 117 - 130.

② Helm C and Jones R. Brand governance: The New Agenda in brand management [J]. Journal of Brand Management, 2010, 17 (8): 545–547.

③ Ind N and Bjerke R. Branding Governance [M]. London: Wiley&Sons, 2007: 38–41; 81–84.

整合品牌利益相关者所拥有的资源达到一种共建品牌价值的良性循环。正是由于新环境中品牌管理工作的复杂性，传统品牌管理理论的三个缺陷被暴露出来。首先，传统品牌理论过度强调对市场的反应机制，使品牌管理完全以市场交易为导向，不仅导致多种影响品牌的要素被弱化甚至忽略，还降低企业在品牌管理中的能动性与控制力。其次，传统品牌管理理念中，市场营销部门是品牌决策的执行单位，但在实践层面，营销部门是以销售为导向的，部门主管更关心的是如何增加销量而非发展品牌，品牌战略与销售任务间的冲突导致决策权与经营权分离产生的代理成本。最后，品牌涉及公司形象、战略等内容，是一个公司的综合反映，已经超脱于市场并与全部利益相关者息息相关，所以基于公司内部权力配置设计的传统管理模式不足以应对当前品牌问题。为了克服这些缺陷，以协调关系、促进合作的治理思想被引入，最终产生了品牌治理理论。

2.1.3 品牌治理的界定

由于品牌治理理论形成时间较短，至今还没有一个被学术界公认的概念，不少学者从其擅长的角度定义品牌治理，目前较为流行的两种观点分别以 Merz 与 Hatch 为代表。Merz 等人（2009）将通过利益相关者合作实现品牌价值定义为一种全新的品牌逻辑，并指出品牌治理是在这种全新品牌逻辑下对品牌及品牌利益相关者关系的研究。该定义首先对品牌的发展与进化做出肯定，提出品牌价值并非仅由企业和顾客产生，而是通过各种利益相关者协同合作而实现的。因此在品牌发展过程中，明晰利益相关者所扮演的角色与理顺利益相关者关系有助于企业构建并掌握提升品牌价值的网络。由于涉及对多元利益相关者关系网络的研究，Merz 等人采用“品牌治理”一词，同时也与传统品牌逻辑下的“品牌管理”做出区分①。另一观点以 Hatch 和 Schultz 为代表，他们（2010）认为品牌治理是以品牌控制权共享理论为基础地对品牌共建过程中各种品牌利益相关者的参与模式与制度的研究。该观点更侧重于设计一种制衡手段或制度，通过各种规则的约束作用，保障品牌利益相关者

---

① Merz M A，He Y，Vargo S L. The evolving brand logic：a service-dominant logic perspective［J］. Journal of Academy of Marketing Science，2009，37（3）：328-344.

的品牌共建行为得以顺利实行①。Hatch 和 Schultz 采用“品牌治理”一词，主要为体现在品牌共建过程中，通过对利益相关者参与方式的设计，实现企业与利益相关者就品牌权、利、责的共享与划分。

虽然这两种观点的研究角度不同，但它们都遵循同一个基本假设，即品牌价值的来源并不再是简单的企业与顾客，而是更广泛的利益相关者，品牌共建才是实现品牌价值保持品牌竞争力的关键。根据 Merz 等人的观点，品牌治理研究应侧重于对品牌价值产生机理的分析，以合作过程为导向，探索能够产生品牌价值的利益相关者与品牌及企业的关系，通过引导、满足这些利益相关者的诉求，建立和谐的关系网络，激励其参与品牌共建。Hatch 和 Schultz 的研究侧重于模式与机制的研究，通过在品牌共建中设计合作规范、监督和约束机制，保证合作过程合规与公正。以上两种观点究其根本是一脉相承的，对品牌价值产生机理的研究为设计品牌共建模式与制度提供依据，而模式与制度则是实现品牌价值机理的手段与保障。通过对两种定义的综合，品牌治理可以被视为在利益相关者参与品牌共建条件下，以激励、监督和约束机制保障合作过程有效、公正与合理运行的制度安排。因此，总结以上两种观点，本文将品牌治理尽可能地简单定义为通过制度与规范，对品牌共建过程的治理行为。

经过对现有文献的梳理与总结，本节从环境因素、理论基础与形成动因三个方面分析品牌治理思想出现的根源，并对其做出了界定。发现品牌价值源泉的改变促进了品牌价值网络的进化，最终引发了品牌管理模式的革命，为品牌治理思想的出现提供了时代背景。服务主导逻辑、品牌社群与品牌共建理论经过不断的发展与互动，最终为品牌治理理论的出现提供了理论上的支持。而品牌治理出现的直接原因可以被归纳为内、外及传统局限三种。在分析品牌治理根源的基础上，研究品牌治理的概念，并将其简化为治理品牌共建过程的行为，如图 2–1。

---

① Hatch M. Schultz M. Of bricks and brands. From corporate to enterprise branding [J] . Organizational Dynamics, 2009, 38 (2): 117 - 130.

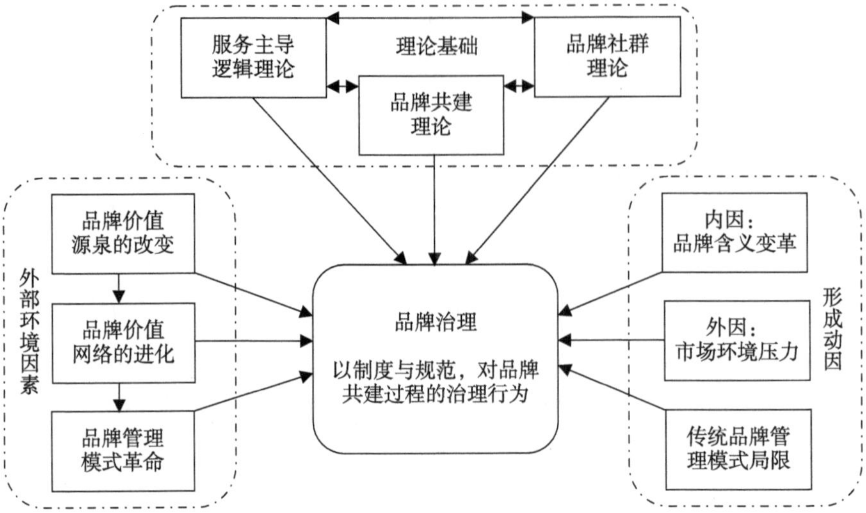

图 2-1　品牌治理起源与界定

2.2 利益相关者视角下的品牌治理研究

利益相关者视角下的品牌治理可以被视为是对品牌治理在治理领域中研究的延续，本文在第一章中通过对品牌治理在营销与治理领域中的比较，发现不同领域内品牌治理的侧重点并不相同。在营销领域内，品牌治理侧重于通过调节参与品牌共建的合作者间关系突破品牌发展瓶颈，进而整合参与者拥有资源，最终通过品牌杠杆提升品牌价值；而在公司治理领域内，品牌治理更关注通过保障品牌共建中的合规与公平，实现品牌的健康发展。因此，治理领域内的品牌治理往往以利益相关者为研究对象，首先分析利益相关者在品牌治理中扮演了何种角色，承担何种责任，不同类型利益相关者有什么区别，又应如何去引导与制衡。其次，以公平性与合理性为标准，研究品牌治理的运行机制，依此设计规章制度，划分企业与利益相关者间权、利、责，旨在维系品牌共建系统的良性运行。

2.2.1 利益相关者视角分析

利益相关者不仅是构成品牌价值网络的基本节点，同时也是实现品牌治理的基础单位。Ramaswamy（2010）以丰田案例证明了将消费者、渠道合作伙伴、媒体公司与供应商连接起来的作用[①]。利益相关者填补传统品牌价值网络上的结构洞，搭建起肩负品牌价值传播的新桥梁。在这种新的品牌发展模式下，利益相关者各司其职，为品牌共建贡献力量。然而，也应注意到不同种类利益相关者在参与品牌共建与治理的过程中，所扮演的角色各异，承担的责任也不同。当前大部分的学者在研究品牌治理过程的利益相关者时，仍将其视为一个整体或沿用传统的分类方式。利益相关者的传统分类方式起源于公司治理与战略，并非针对品牌业务设立，如债权人与小股东等更多的是体现公司治理中的职能，无法体现品牌发展中的职能。其次，公司治理中某种利益相关者往往作为整体考虑，而品牌活动涉及的利益相关者通常只是其中的一部分，如使用该利益相关者的名称会造成界定模糊的问题（Howe，2008，P77–90）[②]。最后，由于品牌战略的差别，即使同种利益相关者在不同公司的品牌化过程中起到的作用也相差甚远，为获得普适性的研究结论造成了极大的障碍。总的来说，使用传统利益相关者分类方式分析品牌治理，不仅导致利益相关者在品牌治理中的特性被忽略，还致使研究无法聚焦于品牌业务，从而造成了诸多研究障碍与不便。

鉴于传统利益相关者分类在品牌治理过程中的弊端，不少学者提出以品牌为导向对利益相关者进行重新划分。Jurgens 等人（2010）指出应当根据品牌共建过程中利益相关者的地位与作用，采用市场分析工具，如波特五力与PEST等，寻找核心利益相关者并通过满足其诉求获得更好的品牌表现[③]。以品牌共建过程为指导，将利益相关者分为核心与普通两类，有利于公司理清现状，把握品牌发展的关键点，同时为公司发现当前品牌共建的首要问题并加以解决提供了指导与建议。然而，由于不同公司外部环境与品牌发展战略的差别，其核心利益相关者往往并不相同，况且，品牌治理是一个动态发展的过程，利益相关者间的关系与作用不断变化，核心利益相关者也会变动，致

---

① Ramaswamy，V. and Gouillart，F.，The Power of Co–Creation：Build It with Them to Boost Growth，Productivity and Profits［M］. New York：The Free Press，2010：107–110

② Howe，J. Crowdsourcing：Why the Power of the Crowd is Driving the Future of Business［M］. New York：Crown Publishing Group，2008：77–90

③ Jurgens M，et al. Stakeholder Theory and Practice in Europe and North America：The Key to Success Lies in a Marketing Approach［J］. Journal of Industrial Marketing Management，39（5）：769–775.

使很难总结出对公司具有普适性的品牌指导建议。Gregory（2007）以兴趣（I）与能力（P）为研究维度，通过 P/I 矩阵对利益相关者进行分类，确立了四种各具特点的利益相关者群体，如图 2-2①。与 Jurgens 等人提出的核心利益相关者分类方式相比，通过 P/I 矩阵划分不仅更加细致与精准，还考虑了利益相关者本身具有的特性，如兴趣与能力，为后续研究利益相关者分类的学者提供了新的思路。

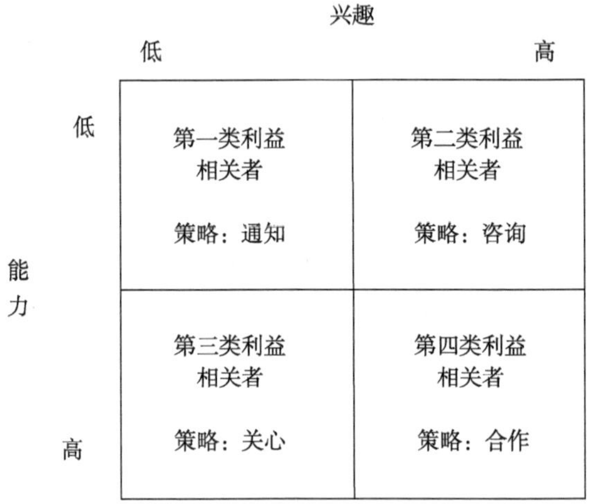

图 2-2　利益相关者四分图

（资料来源：Gregory，Involving Stakeholders in Developing Corporate Brands：the Communication Dimension [J]. Journal of marketing management，2007）

延续 Gregory 的思路，不同利益相关者在品牌共建过程中的作用不同，因此对不同利益相关者的指导方针也应有所区别。同时，四类利益相关者可以相互转换，大大增强了该理论的适应性。对于第一类利益相关者，由于其能力与兴趣都较低，因此公司只需付出少量努力，通过大范围媒体广告保持及时通知产品信息即可。而第二类利益相关者虽然能力有限，但对品牌很有兴趣，公司应将其作为有效的信息提供者引入品牌共建的过程。第三类的利益相关者缺乏对品牌的情感，却有很强的能力，对品牌发展具有很大影响，因此公司在资源充足时应尽量加强与该类利益相关者的联系，使其向第四类利

① Gregory A. Involving Stakeholders in Developing Corporate Brands：the Communication Dimension [J]. Journal of marketing management，2007，23（1-2）：59-73.

益相关者转化；即使公司资源有限，也应关心注意该类利益相关者的要求，使之满意从而减少品牌发展的障碍。第四类利益相关者不仅具有较高影响力，也对品牌很感兴趣，是品牌共建最理想的伙伴，因此公司应积极开展与此类利益相关者间的合作以达到通过品牌共建提示品牌价值的目的。Gregory 以利益相关者特征区分不同种类的利益相关者，并根据其特点设计差别化的治理规则，为品牌治理分析提供了新的思路，也是未来品牌治理研究的重要途径之一。

2.2.2 利益相关者在品牌治理中的区别

虽然以品牌为线索将不同的利益相关者区分开来，但由于其本身所处环境、身份、目标并不相同，所以他们的诉求也有差异。另外，在品牌化进程中，各种利益相关者参与形式各样，投入的专有性资源不同，合作中地位相异，承担的风险也有差别，所以他们关注的权利也往往不一样。多元利益相关者不同的诉求，影响其加入品牌共建的参与及合作方式，进而影响品牌治理的实现手段。因此，为了能更好地设计品牌治理中共建机制与模式，首先应对不同类型利益相关者的诉求加以区分。通过继承 Gregory 提出的四类利益相关者，如前图 2–2，针对不同类型的利益相关者分析其在品牌治理中的诉求。

第一类利益相关者对品牌情感较弱，根据 Howe（2011）的理论，品牌情感造就的爱好是一切形式众包（Crowdsourciing）的基础[①]，因此，该类利益相关者往往并不参与品牌共建活动或不主动参与品牌共建活动。而由于影响力也较低，所以对品牌价值产出贡献较弱。从企业的视角，第一类利益相关者并非最优合作伙伴，一般作为当其他合作目标不可得时的备用选择。然而该类利益相关者也并非没有意义，首先其成员的基数庞大，有巨大的发展潜力。其次，可被视为其他类型利益相关者的人力储备。因此企业应注重对该类利益相关者的培养，通过加强交流、提高吸引力等手段增强其对品牌的情感，实现向第二类利益相关者的进化。根据第一类利益相关者的特点，不难

---

① Howe, J. Crowdsourcing: Why the Power of the Crowd is Driving the Future of Business [M] . New York: Crown Publishing Group

发现即使参与品牌治理，该类利益相关者也往往只关注自身的得失，无法从参与过程中获得乐趣与快感，更不用说对品牌治理的过程的责任感与集体意识，往往只追求能为自己带来实际效果的利益，如价格上的折扣、促销信息等。根据 Holbrook（2002）提出的三种划分顾客价值的维度，该类利益相关者追求的是一种外在的、自我导向的、响应的价值①，这种价值被邹德强等人（2007）定义为功能性价值②。

第二类利益相关者的典型代表是核心顾客，虽然针对每个个体，其在品牌价值网络中的影响能力弱，也就决定了它在与某品牌的公司合作过程中，议价能力相对较弱，处在弱势地位，难以要求更高的报酬和权力。由于它们对品牌的兴趣高，往往支持它们在品牌活动中努力的因素来自对品牌的情感，而不是收益。在品牌治理过程中，该类利益相关者较容易通过品牌共建活动获得的情感上的满足感，可对功能性价值产生一定的替代作用。所以即使在激励报酬不足甚至缺失的情况下，他们仍然可以保持较强的交流欲望与合作动机。虽然影响力也较少，但第二类利益相关者个数众多，形成规模效应后对品牌发展的影响不容忽视，因此从企业的视角，第二类利益相关者是理想的合作伙伴。根据该类利益相关者的特点，Ramaswamy 与 Gouillart（2010）提出兴趣驱动代替传统的功能价值驱动，共建成为针对该类利益相关者发展品牌的最优模式③。在品牌共建的过程中，第二类利益相关者利益诉求的重点从功能性价值转向一种内在的、社群导向的、主动的情感价值，他们通过融入品牌共建的过程，以追求在合作中获得的成就与满足感为主要动力，建立一种和谐的集体观念，积极地参与品牌治理活动。

第三类利益相关者的代表是新闻媒体等社会单位，其成员对品牌兴趣低，很难在品牌社群活动中获得满足感，所以他们参与合作的动力主要来源于报酬收益，通常不会主动参与品牌共建，且在激励不充裕的情况下容易出现寻租行为。由于该类利益相关者在品牌发展中的影响力较大，使其不再仅仅关

① Holbrook, M.（Ed.）. Consumer value: a framework for analysis and research [M]. Routledge, 2002.138-142

② 邹德强，王高，赵平，王燕．功能性价值和象征性价值对品牌忠诚的影响：性别差异和品牌差异的调节作用 [J]. 南开管理评论，2007，10（3）：4-12.

③ Ramaswamy, V. and Gouillart, F., The Power of Co-Creation: Build It with Them to Boost Growth, Productivity and Profits [M]. New York: The Free Press, 2010: 107-110

心基本报酬，还对超额报酬有很强的诉求动机。从企业的视角，由于第三类利益相关者往往掌握品牌发展的重要资源，是不可缺少的合作伙伴，因此企业需要为其设计合理的激励报酬促使其加入合作（王海忠，2009）[①]，并以较完善的监督、约束手段保障合作的健康运行，即使在无法满足其合作要求时，也应尽量满足其基本条件，以防止该类利益相关者成为品牌建设的阻碍。在品牌治理的过程中，第三类利益相关者存在的本事就是对公司的约束，公司如使用虚假宣传或与他人合谋时需顾忌该类利益相关者的反应。虽然较低的品牌兴趣决定了第三类利益相关者不会过度索取品牌合作中的权利，但是基于该类利益相关者在品牌发展中的地位，代表合作中努力程度的基本报酬不能满足其需求，他们往往要求的更多，从而产生了超额报酬。另外，由于当前我国市场发展得不健全，第三类利益相关者往往漠视公司违规行为，削弱了其监督能力。

第四类利益相关者的代表是广告公司等品牌所属公司的战略伙伴，由于他们在品牌价值网络中影响能力高，所以议价能力较强，通过与公司谈判追求利益最大化。然而在合作过程中，由于较高的品牌兴趣，第四类利益相关者通常有较强的合作动机，并重视与其他品牌社群成员间的交流。并且在品牌共建过程中可以能获得较高的满足感，不但对通过交易得利获得的满足感产生一定的替代作用，还减少了合作过程中寻租行为出现的概率。也就是说，第四类利益相关者既拥有品牌发展所需影响力又对品牌有较强的情感，是企业理想的合作伙伴。因此从企业的视角，充分调动第四类利益相关者的积极性与合理调用其拥有的资源是发展品牌的最佳途径之一。在品牌合作中，第四类利益相关者虽然积极参与合作，但也不会放弃使收益最大化的机会，其追求的是使品牌合作价值最大化。在品牌共建过程中，随着合作的深入，该类利益相关者逐渐对品牌经营权产生诉求，并通过参与监督与约束过程保证自己的合法利益。然而值得注意的是，该类利益相关者在追求品牌合作价值时，存在与公司合谋损害其他利益相关者利益的隐患，因此随着品牌共建形式与内容的加深，更需要社会与政府承担外部监督的责任。

综上所述，该利益相关者的分类只是体现了品牌影响力由小向大、对

---

① 王海忠 . 品牌杠杆：赢得品牌领导的资源整合战略［M］. 人民邮电出版社，2009

品牌的兴趣由浅到深的变化趋势，并不存在明确的界限，并且不同类型的利益相关者在品牌发展的内外部环境中是可以相互转换的。而四类利益相关者在品牌共建中的诉求不同，议价能力也具有差别。而在品牌治理过程中，激励方式不一，对获取权利的态度相异，承担的责任与监督目标也不同，如表2-1。应针对他们各自的特点设计差别化的品牌治理规则，从而保障品牌治理的正常运行。

表 2-1　四类利益相关者在品牌治理中的特点

利益相关者类型	利益诉求	议价能力	权利诉求	监督意识	问题隐患
第一类利益相关者	主要是功能价值	低	无	无	被忽略
第二类利益相关者	主要是情感价值	低	低	低	被公司压榨
第三类利益相关者	超额报酬	高	低	高（来自本身社会地位或职业要求）	偷懒、不作为
第四类利益相关者	主要是合作价值	高	高	高（为维护自身利益）	合谋

2.2.3 利益相关者视角下品牌共建的治理机理

分析利益相关者视角下的品牌治理运行机理，首先应明晰利益相关者如何通过品牌治理中的共建行为提升品牌价值，即品牌治理中的品牌价值共建机制；其次，需要探索利益相关者在品牌治理中的权利要求与配置。Helm 和 Jones（2010）提出品牌价值依托于企业、顾客与其他利益相关者的互动[①]，而基于传统价值链理论的品牌管理却仅能体现追求与共建品牌价值过程的一部分，品牌治理会直接影响企业、顾客与其他利益相关者间互动的效果，因此品牌治理对完善品牌价值创造过程具有重要意义。例如，Nyadzayo（2011）发现在连锁经营模式下，对主导公司与加盟商间关系进行治理会影响品牌公民行为，进而提升品牌价值[②]。Fournier 和 Lee（2009）进一步研究利益相关者间关系，提出品牌治理过程中的利益相关者关系网络结构，并指出公司应当积极引入利益相关者加入品牌共建，通过发挥其在关系网络中的辐射作用，影

① Helm C and Jones R. Brand governance: The New Agenda in brand management [J] . Journal of Brand Management, 2010, 17 (8): 545-547.

② Nyadzayo M W, et al. Brand relationships and brand equity in franchising [J] . Journal of Industrial Marketing Management, 2011, 40 (7): 1103-1114.

响其他参与者，最终带动品牌价值的提升①。通过梳理前人研究成果发现，品牌共建是品牌治理出现并发展的背景，而品牌治理是对品牌共建中的合作过程进行治理。另外，实现品牌治理的首要任务就是明晰利益相关者的关系网络，了解他们在品牌共建中的角色与作用，进而为研究品牌治理的权利配置奠定基础。

除了研究利益相关者间关系以外，不少学者从权责划分角度研究品牌治理，Harwood 和 Garry（2010）发现在共同创造模式下，公司角色从控制者转变为领导者，顾客在参与合作的过程中展现出对权力和责任的渴求，赋予顾客权力不仅提高其参与积极性，还有助于创造更好的消费体验②。Kolk 和 Pinkse（2006）的研究进一步指出其他利益相关者也有对权力和责任的诉求，然而提升利益相关者权力可能引发与管理权力的冲突，削弱利益相关者权力会引起利益相关者不满，招致企业社会责任危机，破坏品牌形象③。他们的调查揭示了品牌治理从简单分权到制衡的进化，体现了品牌治理关于权责划分研究的发展。Ind 和 Bjerke（2007）在此基础上倡导从内、外两个视角研究品牌，分析各种利益相关者在品牌共建过程中的角色，并以此为依据设计利益相关者在品牌发展中应承担的权、利、责④。然而，针对不同利益相关者个体的分析却忽略利益相关者间的相互影响，Torres 等人（2012）通过实证检验发现对社群的社会责任活动会加强其他社会责任活动所产生的品牌价值提升效果⑤。他们的研究揭示了品牌治理过程中，多元利益相关者通过互动形成了一个可相互影响的品牌价值创造系统，品牌治理研究不能停留在离散分析各种利益相关者的层面上，而应注重探索公司如何通过与整个利益相关者系统互动，提升品牌价值。

品牌治理思想鼓励利益相关者参与品牌的决策过程，对品牌权利的重新

---

① Fournier，S .and Lee，L. Getting brand communities right［J］. Harvard Business Review. 2009 87（4）：105 - 111.

② Harwood T and Garry T. 'It's Mine！ ' – Participation and ownership within virtual co–creation environments［J］. Journal of Marketing Management，2010，26（3–4）：290–301.

③ Kolk A and Pinkse J. Stakeholder mismanagement and corporate social responsibility crises［J］. European Management Journal，2006，24（1）：59–72.

④ Ind N and Bjerke R. Branding Governance［M］. London：Wiley&Sons，2007：38–41

⑤ Torres A，Bijmolt T H A，Trib ó J A，et al. Generating global brand equity through corporate social responsibility to key stakeholders［J］. International Journal of Research in Marketing，2012，29（1）：13–24.

定位，以共同参与的形式代替传统的权利分配过程，通过品牌共建实现品牌价值的提升。根据对文献的分析发现，品牌治理过程中，权利配置理论分为三个发展阶段。第一阶段，从集权到分权的转变。在这一阶段内，品牌共建理论初步发展以及利益相关者对提升品牌价值的作用是品牌治理研究的主导观点，从而实现了品牌权利配置从公司集权向利益相关者分权的转变。第二阶段，分权向制衡的变革。随着品牌治理在理论界与实务界的发展，分权模式的弊端被显现出来，权利间的冲突与失控风险引导学者们开始考虑如何通过利益相关者间的权利制衡，保证品牌共建能够有序运行。第三阶段，从制衡到共建引导的进化。品牌治理理论的进一步发展，使越来越多的学者开始考虑品牌共建的效率问题并逐渐意识到通过利益相关者关系网络中的互动作用提升品牌价值才是当前最优品牌发展手段，公司的首要目标并非制衡利益相关者而是对其进行合理引导，从而实现品牌共建。由此，基于关系网络间的互动影响，新的权利配置模式提倡从制衡向共建引导的进化。品牌权利配置的三个阶段，不仅体现品牌治理理论由浅入深、不断发展的研究历程，还揭示了利益相关者视角下品牌治理运行机制不断完善的过程。

2.3 品牌社群视角下品牌治理研究

品牌社群视角下的品牌治理研究是品牌治理在市场营销领域研究与发展的延续，以品牌社群为实现品牌治理的环境背景，通过分析品牌社群的作用与特点，探索如何通过品牌社群促进合作并实现品牌共建，以及对公司与品牌社群成员在品牌治理过程中关系与合作机制进行研究，进而探索品牌治理的具体实施过程。其与利益相关者视角下品牌治理研究的最大区别在于不再依托传统利益相关者分类，如股东、债权人、顾客等对品牌治理的过程进行研究，而是转为通过品牌将不同种类的利益相关者串联起来，形成品牌社群，根据社群成员在品牌共建中的地位、重要程度、品牌情感、相互关系等要素研究品牌治理行为。值得注意的是，品牌社群视角下的品牌治理与利益相关者视角下的品牌治理并非完全分离，在一定程度上，品牌社群可以被视为以品牌关系为线索对传统利益相关者的全新分类，该分类更关注品牌业务与品牌合作关系。因此，相比于利益相关者视角，品牌社群视角更容易使研究聚焦于对品牌进行治理这一核心问题。

2.3.1 品牌社群视角分析

品牌社群是品牌治理研究的背景，为研究品牌治理中品牌共建与约束行为提供指导框架。Muniz 等人（2001）提出在由社会关系构成的品牌社群中，通过社群共识、社群仪式、社群传统与社群责任感，以品牌为线索，将利益相关者引入品牌共建的关系网络①。在此过程中，品牌社群所构成的合作网络就是实现品牌共建的背景，同时也是研究品牌治理的指导框架。虽然品牌社群的研究焦点是社群成员间如何交流与互动，但其研究成果恰恰满足了品牌共建与约束的要求，为研究品牌治理奠定了基础（王彦勇，徐向艺，2013）②。品牌共建过程中品牌价值的提升来自以品牌社群为基础的社群谈判、品牌相关信息的象征性注解、社群成员个人与非个人的品牌经历（Muniz 等人，2005）③。也就是说，品牌社群成员根据自身经历，对品牌信息做出判断与注释，并通过品牌社群所构成的社会网络进行交流、互动与谈判，在提高共识的基础上提升了品牌价值。而社群成员间基于社会网络的交流、互动与谈判过程不仅是品牌社群研究的焦点，也是品牌治理关注的重点。因此，品牌社群是实现品牌治理的重要手段之一，为品牌治理提供了环境背景，而品牌治理则可以通过对品牌社群的构建与改造将治理思想与规范落实到品牌建设的日常工作中去。

从本质上分析，利益相关者分类与品牌社群并没有实质性区别。品牌社群包含了由顾客形成的专门社群，企业内部员工和市场上内外能对品牌价值产生影响的其他利益相关者。因此，在一定程度上，品牌社群本身就可以被视为是一种以品牌兴趣与业务为线索的对利益相关者的分类方式。然而，应当注意到以品牌社群为视角研究品牌治理具有其独特的优势，首先以品牌社

① Muniz, A. M., Jr., Albert, M., and O'Guinn, T. C., Brand Community [J] . The Journal of Consumer Research, 2001, 27 (4): 412 - 432

② 王彦勇，徐向艺 . 国外品牌治理研究述评与展望 [J] . 外国经济与管理，2013，35（1）：29–36.

③ Muniz, A. M., Jr., Albert, M., & Schau, H. J. Religiosity in the Abandoned Apple Newton Brand Community. The Journal of Consumer Research, 2005: 31 (4), 737 - 747.

群为利益相关者的分类方式突出品牌业务使研究方向聚焦于品牌，从而吸引了学术界广泛的研究兴趣。近年来，大量品牌研究者从检验品牌社群功能的角度对品牌社群现象进行了验证，如哈雷社团（Schouten，McAlexander 等人，2007）①，车友会（Algesheimer等人，2005）②，苹果社区（Armstrong与Kotler，2006）③，星际迷（Brown等人，2003）④与吉普后援团（Schouten等人，2007）⑤等。其次，虽然品牌社群的研究焦点在于社群成员如何交流与互动，但其研究的结论恰恰为品牌治理的研究提供了指导依据。由社会关系构成的品牌社群，通过社群共识、社群责任、社群传统与仪式，以品牌为线索将利益相关者带入关系网络，通过社群协商（community-based negotiations）实现品牌共建。（Brodie，2009）而所谓的社群协商过程，其实质就是实现利益相关者均衡，保障和谐的品牌共建过程，也就是实现品牌治理的过程⑥。

2.3.2 品牌社群视角下品牌共建的治理机理

品牌社群视角下的品牌治理研究以品牌合作为导向，侧重于探索品牌业务流程内的治理机制，有助于构建并完善品牌治理模式。也就是说，以品牌社群为视角研究品牌治理共建机制不仅应分析如何通过品牌社群实现品牌共建并提升品牌价值，还应探索品牌社群成员间是如何互动与协商的。Woisetschlager 等人（2008）通过实证检验了品牌社群对提高品牌共建参与程度的影响，同时也验证了品牌社群成员间的交流互动有助于提高品牌忠诚与提升品牌形象⑦。然而，除了提高品牌价值，品牌社群在品牌治理过程中还肩

① Schouten, J. W., McAlexander, J. H., & Koenig, H. F. Transcendent Customer Experience and Brand Community [J]. Journal of the Academy of Marketing Science, 2007, 35 (3), 357 - 368.

② Algesheimer, R., Dholakia, U. M., & Herrmann, A. The Social Influence of Brand Community: Evidence from European Car Clubs [J]. Journal of Marketing, 2005, 69 (3), 19 - 34.

③ Armstrong, G., & Kotler, P. (2006). Marketing: An Introduction. Upper Saddle River, NJ: Prentice Hall.

④ Brown, S., Kozinets, R. V., & Sherry, J. F., Jr. Teaching Old Brands New Tricks: Retro Branding and the Revival of Brand Meaning [J]. Journal of Marketing, 2003, 67, 19 - 33.

⑤ Schouten, J. W., McAlexander, J. H., & Koenig, H. F. Transcendent Customer Experience and Brand Community [J]. Journal of the Academy of Marketing Science, 2007, 35 (3), 357 - 368.

⑥ Brodie, R. J., Whittome, J. R. M., & Brush, G. J. Investigating the Service Brand: A Customer Value Perspective [J]. Journal of Business Research, 2009, 62 (3), 345 - 355.

⑦ Woisetschlager D, et al. How to Make Brand Communities Work: Antecedents and Consequences of Consumer's Participation [J]. Journal of Relationship Marketing, 2008, 7 (3): 237-256.

负维持品牌共建的责任。Schau 等人（2009）将品牌社群的 12 种行为归结到社会网络、社区参与、印象管理与品牌应用四种实践类别内。其中印象管理与品牌应用实践注重提升品牌形象与核心品牌的应用，直接通过社群成员传播品牌形象，进而提高品牌的价值；而社会网络与社区参与两种实践通过企业建立交流平台吸引、保留品牌社群成员并以合理的激励手段促进成员的参与和升级，为品牌共建活动吸纳潜在成员并维持稳定性①。因此，对品牌价值的影响不是衡量品牌治理的唯一标准，维持成员间良好关系与保障品牌共建过程的健康运行同等重要。

为了更好地解释品牌社群视角下的品牌共建行为，学者们对品牌治理过程中企业与品牌社群成员的关系进行了研究。Tsai 等人（2012）基于品牌社群，从个人、团体和关系三个方面提出顾客参与品牌共建的影响因素，指出企业需要通过一系列控制手段，如甄别不同社群成员与增强社群识别等，建立并完善与顾客的交流、信任与淘汰机制，吸引更多的潜在参与者以维持品牌共建行为的长期稳定性，因此该研究更倾向于品牌治理中企业的控制职能②。而 Fuller（2010）则指出品牌共建行为本身就能为参与者提供愉悦的体验，参与者个人特性会调节这种体验与企业间的关系，而企业的首要任务是提供便捷工具以营造良好的交流环境，即强调企业在品牌治理中的协调职能③。控制与协调，代表了品牌共建过程中企业与社群成员的两种截然不同的关系，是当前品牌社群视角下品牌治理研究的主要冲突之一。因此，Hatch 和 Schultz（2010）提出企业需要合理的设计与品牌社群成员的交流方式与内容并控制其开放程度，在控制与协调中找到平衡点，既保证品牌社群的吸引力，又能建立一种约束机制，以防止失去对品牌共建活动的控制④。

在企业与品牌社群成员的合作过程中，各种治理机制的实现往往依托于环境工具的选择，如车友会的网络论坛既是社群成员的交流平台，也是公

① Schau J. H., Muniz, A. M. Jr. and Arnould J. E. How Brand Community Practices Create Value [J], Journal of Marketing, 2009, 73 (5): 30-51

② Tsai H T, et al. Brand Community Participation: Examining the Roles of Individual-, Group-, and Relationship-level Antecedents [J]. Journal of Business Research, 2012, 65 (5): 676-684.

③ Fuller J. Virtual co-creation of new products and its impact on consumers' product and brand relationships [C]. In Academy of Management Annual Meeting Proceedings, Montreal, 2010.

④ Hatch M J, Schultz M. Toward a theory of brand co-creation with implications for brand governance [J]. Journal of Brand Management, 2010, 17 (8): 590-604.

司监督社群成员的重要工具。Devasagayam 和 Buff（2008）在对品牌社群进行分类时指出新兴交流工具，如互联网与电子邮件，克服了传统交流方式的弊端，打破了时间与地域的限制，引发品牌社群存在模式的重大变革①。这一现象增加了品牌社群成员的自主能力，为实现多样化的品牌合作奠定了基础，但同时也降低了公司在品牌共建过程中的地位，增加了品牌治理难度。Ramaswamy 与 Gouillart（2010）指出企业与社群成员的共同创造的重点不在于公司的地位，而在于各种治理机制的实施，首先通过各种品牌或产品体验设计激励机制吸引社群成员参与到共同创造生态系统中。其次，根据参与者设计交流平台，通过交流平台了解并监督参与者行为。最后，建立参与者业绩积分卡，并以此为依据对合作过程中的关键点控制并进一步设计激励与约束机制②。该研究以合作流程为基础，为品牌社群视角下的品牌治理研究提供了新的思路。但是，也应注意到由于该领域的研究主要集中于对公司、品牌社群内部成员与顾客间的研究，缺乏与其他利益相关者间的互动，所以当前品牌社群视角下构建的品牌治理模式通常并不完整。

2.3.3 品牌治理的实现

虽然品牌治理理论研究属于新兴学术前沿，但在实践层面中，不少公司有意或无意地已经走在了理论的前边。比如苹果、耐克、星巴克等公司已经形成了较为完善的品牌治理框架或手段，通过总结它们的行为并与前人的研究成果相综合，可将品牌治理的活动划分为三个部分，分别是搭建品牌发展平台，设立品牌活动接口与促进基于社交网络的合作，如图 2-3。

---

① Devasagayam P R and Buff C L A. Multidimensional Conceptualization of Brand Community: An Empirical investigation [J] . Sport Marketing Quarterly, 2008, 17 (1): 20-29.

② Ramaswamy, V. and Gouillart, F., The Power of Co-Creation: Build It with Them to Boost Growth, Productivity and Profits [M] . New York: The Free Press, 2010

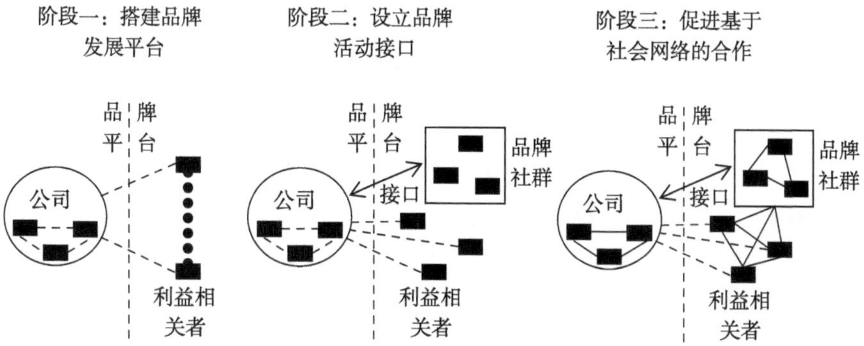

图 2-3　品牌社群视角下品牌治理实现的三个阶段

（1）品牌发展平台的搭建

公司搭建品牌发展平台是为了尽可能多地引入对品牌感兴趣的利益相关者，令其在平台内交流互动，为公司品牌建设储备潜在资源，并通过后续的品牌活动接口与合作使潜在资源转化为提升品牌价值的动力（谭婷婷等人，2011）①。平台的形式各异，特别是随着网络交流媒介的日新月异，搭建平台的手段也多种多样（曾晓洋，2011）②。如苹果公司就通过开放IOS软件系统代码，建立了应用程序设计参与平台，不仅吸引了软件供应商还成功地将大量软件爱好者个体纳入平台之中。同时，苹果公司依托于互联网打造的网络平台——苹果乐园，促进各种利益相关者同时参与到品牌建设中。值得注意的是，通常，公司储备的潜在资源越多，即品牌社群的参与者越多，越有利于品牌发展，但是由于参与者所处地位、身份等特性的差别和搭建平台手段的局限性，难以将品牌价值网络中所有利益相关者统一在某个特定平台下，故而为了增加参与者，许多公司往往需要搭建多个平台。另一方面，某些公司出于成本等方面的考虑，并不亲自搭建平台而是借用已有社交网络平台，如借用博客、微博等。

品牌发展平台的搭建，为公司扩展品牌外延提供了契机，通过引入利益相关者并提供与品牌互动的机会，在对品牌的认知层面，使品牌从公司的私

---

① 谭婷婷，蔡淑琴，胡慕海．众包国外研究现状［J］．武汉理工大学学报（信息与管理工程版），2011，2：025.

② 曾晓洋．基于消费者虚拟社区的营销管理研究综述与未来展望［J］．外国经济与管理，2011，33（11）：48-56.

有财产向利益相关者共有财产转化（张辉等人，2011）[①]。而在搭建平台的过程中，如何保证公平性是品牌治理的首要问题。虽然参与者的能力和拥有的资源不同，对公司品牌发展的潜在贡献大小相异，但如果以此设立特权等级往往会失去低端的参与者，因此将平台细分，减少不同阶级参与者间冲突或直接建立新平台无疑是一个有效的选择（魏栓成，2010）[②]。对于必须处于同一平台下的参与者，应尽量保证公平，如大部分公司用于推广品牌构建的互联网平台中，无论参与者在现实中身份如何，在平台中的身份都是用户。除了保持参与者间的公平性，还应注意公司和参与者间的公平性。公司作为品牌和平台的拥有者，处在绝对统治的地位，但独裁者的身份往往会极大地限制参与者的参与热情。因此，应尽量抛开管制，以引导为主，让参与者自由组织，建立社交网络，增加平台稳定性（薛海波，2012）[③]。同时，不仅要考虑参与者能为公司品牌做什么，还是考虑公司能为参与者做什么（刘琳琳，2011）[④]。综上所述，品牌治理在平台搭建过程中的作用是通过保证公平性维持平台的和谐运行。

（2）品牌活动接口的设立

品牌活动除了由本公司参加外还通常涉及多方面的参与者，而品牌活动的接口设置是为了能够准确地选择合适的参与者并为公司与参与者组成的品牌社群制定参与规则，以及明确合作的模式（马卫等人，2008）[⑤]。也就是说，品牌活动本身可以被视为连接公司和参与者的接口，同时也是形成品牌社群的契机。例如，2007 年，菲多利公司以品牌活动“超级碗广告计划”为接口，针对其品牌社群，举办了一场任何对此公司品牌感兴趣的集体或个体都能参加的广告设计大赛。这次命名为“超级碗广告计划”的广告设计大赛作为接口，成功地将菲多利公司与感兴趣的参与者联系起来，通过利益相关者集思广益一举夺得该年度美国广告大赛的冠军（Ramaswamy 与 Gouillart，2010，

① 张辉，白长虹，郝胜宇．品牌资产管理新视角——基于员工的品牌资产研究述评［J］．外国经济与管理，2011，33（9）：34–42.

② 魏栓成．众包的理念以及我国企业众包商业模式设计［J］．技术经济与管理研究，2010，1：36–39

③ 薛海波．品牌社群作用机理理论研究和模型构建［J］．外国经济与管理，2012，34（2）：50–57.

④ 刘琳琳．基于品牌关系的企业品牌建设支持系统构建［J］．商场现代化，2011，12：035.

⑤ 马卫，方丽，屠建洲．从外包到众包的商业模式变革及启示［J］．商业时代，2008，（1），13–14

P68–73）[①]。设立品牌活动的接口在实质上加强了公司与品牌共建过程中的关键利益相关者间的联系，进一步深化了由利益相关者构成的关系网络，为调动利益相关者资源并继续挖掘品牌价值奠定了基础（张晓霞，2010）[②]。同时，也促进了利益相关者与公司间的交流，在一定程度上实现了公司对利益相关者的透明化，为发展利益相关者监督模式创造了条件。

在品牌活动接口的设立过程中，品牌治理承担着两大核心作用。首先，使品牌活动能够准确接触到最合适的参与者，从而保证品牌活动能最大程度创造品牌价值。因此，接口的设定一定要精准与彻底，而良好的品牌发展平台有助于实现这一目标，通过在平台层面对利益相关者的细分与定位使接口能快速、准确地找到适合加入品牌合作的利益相关者（Howe，2008，P225–233）[③]。其次，品牌治理肩负着为品牌活动所有参与者制定合作规则的任务。为实现这一目标，首先要了解各参与者的作用与诉求，考虑他们间可能出现的冲突与矛盾，针对这些冲突和矛盾设计参与规则，尽可能避免或消除其影响，从而构建气氛和谐的合作环境（Ind 与 Bjerke，2007）[④]。另外，由于品牌治理充分肯定了品牌社群在品牌发展中的作用与对品牌的兴趣，所以在设计参与规则中，应注意接口的双向交流机制与信息的透明性，而非公司强加于参与者的单向交流。双向交流不仅能提高公司与参与者的品牌共建能力，还为利益相关者意见反馈提供通道表达他们的要求与不满，在一定程度上促进了合作的公平（Ballantyne 等人，2007）[⑤]。因此在接口设立中，品牌治理可被视为对合作模式的研究，是促进合作开展并避免品牌活动中参与者间矛盾与冲突的制度安排。

（3）建立并维持基于社交网络的合作

在构建品牌建设平台、设立品牌活动接口选择合作参与者之后，品牌

---

① Ramaswamy, V. and Gouillart, F., The Power of Co–Creation: Build It with Them to Boost Growth, Productivity and Profits［M］. New York: The Free Press, 2010: 68–73

② 张晓霞 . 众包与外包商业模式比较及其启示［J］. 商业时代, 2010（016）: 18–20.

③ Howe, J. Crowdsourcing: Why the Power of the Crowd is Driving the Future of Business［M］. New York: Crown Publishing Group, 2008: 225–233

④ Ind N and Bjerke R. The concept of participatory market orientation: An organisation–wide approach to enhancing brand equity［J］. Journal of Brand Management, 2007, 15（2）: 135–145.

⑤ Ballantyne, D., Aitken, R. Branding in B2B Markets: Insights From the Service–Dominant Logic of Marketing［J］. Journal of Business and Industrial Marketing, 2007, 22（6）, 363 – 371.

治理活动聚焦于品牌合作过程。在合作中，品牌价值的提升不再仅仅依托于传统的市场网络，而是品牌社群本身所具有的更广泛的社会网络（金立印，2007）[①]。品牌社群所提倡的社会网络与传统市场网络相比最大的区别在于社会网络是关系导向的而非交易导向，社会网络往往从利益相关者自身属性出发，倾向于长期关系维护，如友情、社交关系与品牌情感等（周志民，李蜜，2008）[②]，以交易为导向的市场关系往往随着交易完成或失败而破裂。另外，品牌社群以参与的利益相关者为节点，形成了一套完整的社会关系网络体系，公司与某利益相关者的关系通常会影响到其他利益相关者间的关系，远远复杂于市场中公司与某利益相关者的二元关系（Tsai等人，2013）[③]。因此，相比于传统的市场网络，社会网络更为复杂，形成所需的时间更长，但形成后稳定性也较强，可以更好地支撑品牌价值的提升。简单来说，通过社交网络的提升品牌价值的合作手段更丰富，效果也更显著。比如，口碑营销就是利用消费者本身所具有的社交网络对品牌进行传播，事实证明口碑营销的效果远高于一般的市场手段。

虽然品牌社群以社会关系落实品牌治理具有传统市场关系不可比拟的优势，但也应注意到基于社交网络的品牌合作远比基于市场网络的品牌合作复杂得多，传统品牌管理常用的市场契约对于激励、约束社交网络中合作的作用并不大，而社交网络中品牌价值传递的效果又很难被度量，使得监督行为难以进行。因此，合作的代理成本偏高，背德行为时有发生。同时公司往往只考虑到品牌合作活动产生的市场直接影响，没有考虑到合作活动的隐性影响，即通过品牌价值网络对其他利益相关者的影响，忽略了品牌价值在品牌价值网络的传递性，如公司忽略社会责任不仅会引起某些利益相关者的不满，还通过关系网络将不满传递给其他利益相关者（Du等人，2010）[④]。因此，在维持基于社交网络的合作中，品牌治理的首要任务是以各种参与者自身条

---

① 金立印．虚拟品牌社群的价值维度对成员社群意识、忠诚度及行为倾向的影响［J］．管理科学，2007（2）：36-45

② 周志民，李蜜．西方品牌社群研究述评．外国经济与管理，2008（1），46-51.

③ Tsai H T, et al. Brand Community Participation: Examining the Roles of Individual-, Group-, and Relationship-level Antecedents［J］. Journal of Business Research, 2012, 65（5）: 676-684.

④ Du, S., Bhattacharya, C. B., Sen, S.Maximizing business returns to corporate social responsibility（CSR）: The role of CSR communication［J］. International Journal of Management Reviews, 2010, 12（1）, 8 - 19.

件为基础，以品牌价值的提升为线索，重新探索对公司与品牌社群内多元参与者间的激励、约束、监督机制，减少背德行为，降低代理成本，调解矛盾冲突，以保障品牌合作的顺利实施以及品牌价值共建的有效运行。朱新颖与高厚礼（2011）提出以众包理念为基础，重新定义公司客户关系认知，通过"CRM2.0"揭示了将利益相关者由外部资源转变为企业经营活动的参与者和管理者，从而减少矛盾与冲突①。该观点与品牌治理理念相合，为落实品牌治理提供了指导。

经过前人的文献梳理与分析发现，品牌治理依托品牌社群，落实于实践活动一般分为三个步骤。首先，通过品牌社群构建品牌发展平台，在这一过程中，吸纳利益相关者为品牌发展储备资源是首要目的，而品牌治理研究的重心是如何保证多元利益相关者能在平台中和谐相处。在吸纳足够潜在资源的基础上，应进一步地寻找发展品牌的合作机会，设立公司与品牌社群间的接口，并为合作找到合适的参与者与制定参与模式。此阶段品牌治理研究的重心是通过分析不同品牌社群所拥有的专有资源，寻找最佳参与者，并依据其特点，制定合作规则，如参与模式和利益分配规则等，通过制度化手段促进品牌合作的开展。最后，在具体合作阶段，通过对多元参与者间的激励、约束、监督机制研究，建立并维持基于利益相关者的社会网络，保障参与者间互动与协同，实现品牌合作活动的顺利运行，如表 2–2。

表 2–2　基于品牌社群的品牌治理实现步骤

落实步骤	步骤 1：构建品牌发展平台	步骤 2：设立公司与品牌社群接口	步骤 3：建立并维持基于社会网络的合作
目的	为品牌发展储备资源	促进公司与品牌社群合作的开展	保障品牌合作的顺利运行
品牌治理实现手段	创建交流平台 细化参与者类型	设计参与模式 制定参与规则 构建双向沟通通道	促进参与者间交流与合作，设计监督、约束手段
品牌治理研究重心	扩展品牌外延并保证平台内多元利益相关者能和谐相处	制定品牌活动合作规则，寻找最佳合作者与建立最佳合作模式	分析品牌合作过程中的激励、约束、监督机制

① 朱新颖，高厚礼 . 众包模式下客户关系管理创新研究［J］. 商业时代，2011（24）：33–34.

2.4 本章小结

本章首先梳理了关于品牌治理起源与界定的文献，从产生环境与理论基础两个层面探索品牌治理思想的起源，并进一步分析了品牌治理理论形成的动因，还在前人研究的基础上对品牌治理做出了界定。然后分别以利益相关者和品牌社群两个时下最流行的视角，展示了当前品牌治理的研究现状，并分析了品牌治理中的共建机理与落实。经过整理与综合前人的研究成果，对本文未来研究提示如下：

第一，通过分析品牌治理的起源发现，品牌治理的实施环境不同于公司治理，既非强制性执行，也没有法律或政策可依，利益相关者参与品牌共建合作应建立在让各方有“利”可图的基础上，这里的“利”不仅包括物质利益，还包括让参与者产生精神满足的精神利益。参与各方得利是品牌治理的最基本要求，没有利益则没有合作动机，则更谈不上公正、公平的合作过程。因此，探索利益相关者参与合作的心理诉求，通过找到利益相关者参与合作的影响因素激励利益相关者是实现品牌共建的基本条件，也是实现品牌治理的第一步。

第二，正是由于品牌治理缺乏外部强制性措施，无法可依，在实施过程中出现了大量问题，特别是在利益驱动下，品牌所属公司借助新提出了社会关系网络与某些利益相关者合谋，通过欺诈手段，牟取顾客与其他利益相关者合法权益。这一现象对利益受到侵害的利益相关者来说有失社会公平，即使对于品牌拥有公司，虽然能在短期内提升品牌价值，但牺牲了品牌发展的健康，从长期看得不偿失。所以，以监督、约束手段保证品牌共建的公平、公正是品牌治理的重要目标。

第三，通过对利益相关者视角下品牌治理研究评述发现，利益相关者在品牌治理中功能与作用不同，诉求与关心的权利也各异，为了能更好地了解利益相关者在品牌治理中的行为与表现，应当通过将利益相关者本身职能与品牌贡献相结合对其进行分类，并根据比较不同种类的利益相关者在品牌治理过程中的异同，设计更有效的品牌治理指导方针与政策。

第四，品牌治理的权利配置经历了分权、制衡、治理三个阶段，当前品牌治理权利配置研究的重点既非研究如何分配权利，也不是如何约束参与品牌共建的利益相关者行为，而是品牌拥有公司如何通过引导实现利益相关者协同，创造和谐的品牌合作环境产生合力实现品牌价值的提升。

第五，在品牌社群视角下，通过对品牌共建机制的整理与分析，发现实现品牌治理首先应通过激励手段鼓励社群成员参与品牌合作，提升其参与意识，形成品牌社群共识与责任感，并通过品牌社群的社群传统与仪式等手段，调整参与关系，使参与成员能够各司其职，完成品牌治理的要求。因此，以成员参与影响因素、参与意识与关系、品牌治理效果为基本组成部分，为构建品牌治理合作模型奠定了基础。

第 3 章　参与品牌治理的影响因素分析

究竟哪些因素影响利益相关者参与品牌治理，学术界尚未形成统一的意见。许多学者从自身研究角度出发，对品牌治理的参与因素做出了解释。现阶段，研究主要集中在利益相关者在参与品牌治理的过程中究竟能获得什么，由此引申出功能价值、社会价值等不同价值类型以及相对应的不同情感类型等重要结论。然而，当前研究偏重于营销视角下的结果分析，缺乏对利益相关者间合作过程的研究，导致对实践的指导意义大打折扣。其次，研究往往以心理学理论为基础，如仪式理论或沉浸体验解释品牌治理的合作过程，致使难以较为直观地认识品牌社群的形成过程。但是，探索利益相关者参与品牌治理的参与因素是研究品牌治理的首要步骤，是一切后续研究问题的基础。因此，客观严谨地分析参与影响因素并得出既便于理解有具有普适性的答案对研究品牌治理至关重要。本文针对现有研究的优势与局限，对利益相关者的参与机制进行分析，在经济学视角下对企业与品牌社群成员的合作过程展开研究，通过结合柯布－道格拉斯（Cobb–Douglas）生产函数与心理契约理论，构建利益相关者合作模型，以品牌治理参与成员的心理期望为切入点，分析合作条件，找到利益相关者参与品牌治理的影响因素。

3.1 参与品牌治理的影响因素的理论构建

分析利益相关者参与品牌治理的影响因素是一切品牌治理研究的基础，也是揭开品牌合作过程黑箱的关键，因此吸引了学术界的广泛研究兴趣并产生了大量成果。Vargo 和 Lusch（2004，2008）提出的以服务主导逻辑（Service–dominant Logic）替代传统的产品主导逻辑，引发了品牌研究的变革，推动价值共创成为品牌培育的关键路径，改变了利益相关者在品牌共建中的地位，从而引发对利益相关者参与品牌治理的影响因素更深刻的思考。

服务主导逻辑下的影响因素

服务主导逻辑是仍处于理论形成和完善阶段的新思想，它提供了一种思维方式，任何市场营销领域的学者均能以其为视角，提出、检验、改变甚至摒弃相关理论。Vargo 与 Lusch 在 2004 年提出该理论并于 2006 年与 2008 年进一步加以完善，总结出十条价值主张，其价值主张通过整合可以被描述为以下三点：首先所有的经济都是服务经济，产品只是服务条款的传播载体，而服务则是经济交换的基础，只不过通常被间接交换的形式所掩盖。其次，公司只能提出价值主张，顾客一直是共建价值的成员之一，所以以服务为中心的观点就是以顾客为导向。最后，社会与经济伙伴等利益相关者是资源的整合者，属于操作性资源，而操作性资源是竞争优势的基础①②③。服务主导逻辑提高了利益相关者在品牌共建过程中的地位与作用，促使参与品牌治理影响因素的研究重点从利益相关者被动接受公司授予转向了利益相关者主动需求。张婧与邓卉（2013）延续服务主导逻辑的思路，提取了公司与顾客、公司与员工、公司与其他利益相关者、顾客与员工四组界面上八个维度的品牌价值共创活动，通过构建品牌认知影响因素与品牌绩效模型，探索了影响因素与品牌绩效间的关系④，该研究为研究利益相关者参与品牌治理的影响因素提供了新思路与框架指导。

虽然研究背景与命名方式存在差异，但是与利益相关者参与品牌治理的影响因素相关的研究成为当前品牌研究的热点，大量文献被发表带来丰硕的研究成果。王启万与王兴元（2013）以利益相关者构成的品牌生态系统为基础，对构成产业集群中核心企业品牌生态位的关键要素进行了研究，找到影响品牌生态中核心企业参与共建合作的五个类别，分别是集群环境、关系网络、内部条件、市场资源和供应资源，以及 19 个要素，如图 3-1⑤。该研究以

① Vargo S L and Lusch R F. Evolving to a New Dominant Logic for Marketing [J]. Journal of Marketing, 2004, 68 (1): 1-17.

② Lusch R F, Vargo S L. Service-dominant logic: reactions, reflections and refinements [J]. Marketing theory, 2006, 6 (3): 281-288.

③ Vargo S L and Lusch R F. Service-Dominant Logic: Continuing the Evolution. Journal of the Academy of Marketing Science, 31 (1), 2008: 1-10.

④ 张婧，邓卉 品牌价值共创的关键维度及其对顾客认知与品牌绩效的影响：产业服务情境的实证研究 [J]. 南开管理评论，2013：16 (2) 104-115

⑤ 王启万，王兴元 产业集群核心企业品牌生态位关键要素研究 [J]. 统计与决策，2013 (5) 185-188

扎根理论的思想为指导，对 95 个相关词条进行梳理与简化，较为全面的探索影响品牌生态位的各种因素，同时通过因子分析与路径分析构造各类别的权重，为后续的影响因素研究奠定了扎实的基础。范二平（2013）以品牌价值的构成要素及企业品牌价值提升的意义为基础，重新对品牌规划、客户需求、品牌推广等方面加以考虑，提出未来研究的建议，为分析利益相关者参与品牌治理的影响因素提供了思路上的补充①。苏淞等人（2013）将消费者感知价值、购买决策风格与文化价值观三种影响顾客购买表现的因素代入不同城市中，以城市化差异为调节变量分析三种影响因素间的关系②。该文献虽不是直接针对参与影响因素的研究，但通过参与者特征调节影响因素间关系的研究思路为区分不同类型利益相关者参与品牌治理影响因素间差异提供了技术思路。

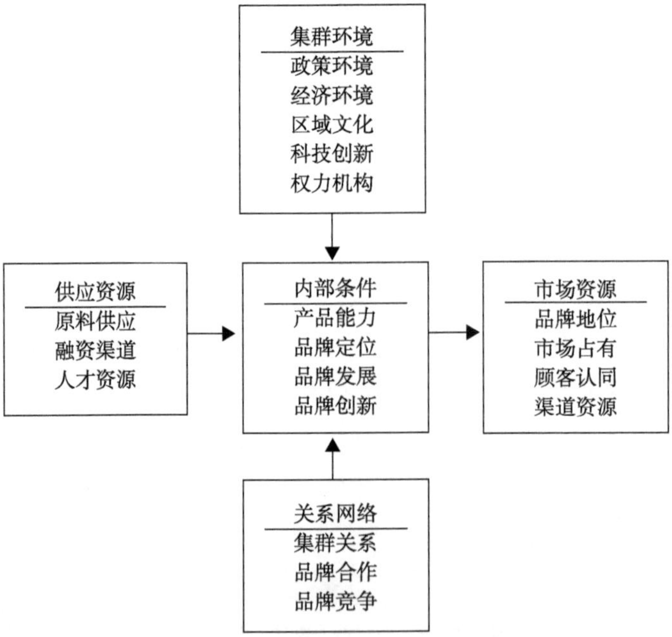

图 3-1　品牌生态中核心企业参与影响因素体系

（资料来源：王启万与王兴元，产业集群核心企业品牌生态位关键要素研究［J］. 统计与决策，2013）

① 范二平 . 品牌价值提升策略探讨［J］. 企业经济，2013（1）21-24

② 苏凇，孙川，陈荣，文化价值观、消费者感知价值和购买决策风格：基于中国城市化差异的比较研究［J］. 南开管理评论，2013：16（1）102-109

参与影响因素研究的问题与局限

虽然在服务主导逻辑下，对利益相关者参与品牌治理的影响因素研究已经获得了长足的发展，但仍存在不少问题与局限。首先，即使学术界大力提倡顾客导向或利益相关者导向，但实际研究通常是以公司为视角，以公司与利益相关者品牌合作中所提供的利益为基础，定义利益相关者的诉求，并在该诉求的基础上找到品牌治理的参与因素。这一研究思路仍是以公司为主导，所发现的参与因素无法体现服务主导逻辑下，利益相关者参与品牌治理的内心世界与根本诉求，只是通过模拟利益相关者合作需求提出伪影响因素，以此为依据很难分析利益相关者参与品牌治理的积极性与主观能动性。如姚伟坤等人（2013）在研究品牌纵向合作中发现，公司的地位与信任程度对合作效果有重要影响①。该研究在公司层面极具指导意义，为公司未来品牌发展提供理论依据与方向预测，但在一定程度上，该研究理念无法揭示其他成员的合作心理，不能体现出利益相关者的互动影响，也就更无法深刻地挖掘该结论的产生条件与原因。刘志新（2013）在对品牌情感定位时提出，品牌情感的定位与传播都应当以消费者为中心或更进一步以利益相关者为核心②。该观点同样也适应于对品牌治理影响因素的研究，应以利益相关者本身参与品牌治理的心理诉求为根本，探求其影响因素，而非依靠公司模拟利益相关者心理。

当前利益相关者参与品牌治理的影响因素研究另一局限在于学者往往以某一现象为切入点，并且在分析过程中过度依赖个人主观经验，缺乏严谨的论证手段，品牌治理参与影响因素的研究成果往往各成体系，无法凝练成一个整体，从而大大影响了研究结论的普适性，如俞满娇（2013）从品牌口号发展的角度，分析未来品牌标语的改革方向，提出通过品牌联想的强度与独特性引发利益相关者的品牌共鸣，进而推动品牌社群中的品牌共建过程③。该研究以品牌口号为切入点，梳理并分析了品牌口号的演进过程，丰富了品牌口号研究的成果，但是品牌研究领域内的分支众多，每个学者都从其熟悉的

① 姚伟坤，周梅华，张燚．产业集群环境下的企业品牌纵向合作关系研究［J］．中国管理科学，2009，17（4）84–90

② 刘志新．品牌情感定位与传播策略［J］．企业改革与管理，2013（6）70–72

③ 俞满娇．西方品牌口号研究回顾与评析［J］．外国经济与管理，2013，35（3）47–55

角度研究利益相关者参与品牌治理的影响因素反而使得研究结论过度分散，难以整合，甚至由于研究技术或方法的不同，同一角度下的研究结论间也存在着冲突与矛盾，致使在事务层面品牌管理者无所适从。如同样以社会责任为研究切入点有的学者认为公司践行社会责任是吸引利益相关者并提升品牌价值的手段（高海霞，2013）①，有的学者却通过细化社会责任提出社会事业亲和力与形象匹配的利益相关者强强联合反而更容易引起消费者的质疑（田虹，袁海霞，2013）②。因此，未来研究应注意研究角度与方法的选取，争取从一个通用而又被各方承认的角度入手分析影响因素，从而保证影响因素的普适性以及可以与他人的研究成果相结合。

3.2 基于利益相关者的品牌治理参与机制分析

3.2.1 基于利益相关者合作的品牌价值创造过程

Schau 等人（2009）以品牌社群为研究背景，将利益相关者共同创造品牌价值的 12 种方式归结到社会网络、社区参与、印象管理与品牌应用四种实践类别内，如图 3-2③。其中社会网络与社区参与两种实践通过公司建立交流平台吸引、保留利益相关者并以合理的激励手段促进利益相关者的参与升级；而印象管理与品牌应用实践注重提升品牌形象与核心品牌的应用。通过 Schau 等人的研究可以发现品牌治理中创造品牌价值的过程实则为构建品牌价值传播网络并激励利益相关者传播品牌正面形象的过程，公司往往通过资金支持为利益相关者参与品牌合作建立良好的内、外部环境，即构建高效的内部激励机制，与外部交流沟通平台。而参与品牌共建的利益相关者根据所拥有的资源，如社会地位、传播渠道等将品牌形象向外传播，所以利益相关者构成了品牌发展的直接动力。在品牌治理的视角下，品牌价值来自公司与利益相关者的紧密合作，所以无论是作为合作环境建设者的公司，还是作为劳动提

① 高海霞．基于中外品牌比较的中国本土品牌培育策略［J］．经济管理研究，2013（1）49-53

② 田虹，袁海霞．企业社会责任匹配性何时对消费者品牌态度更重要——影响消费者归因的边界条件研究［J］．南开管理评论，2013：16（3）101-108

③ Schau J. H., Muniz, A. M. Jr. and Arnould J. E. How Brand Community Practices Create Value［J］, Journal of Marketing, 2009, 73（5）: 30-51

供者的利益相关者，都是创造品牌价值的主体。

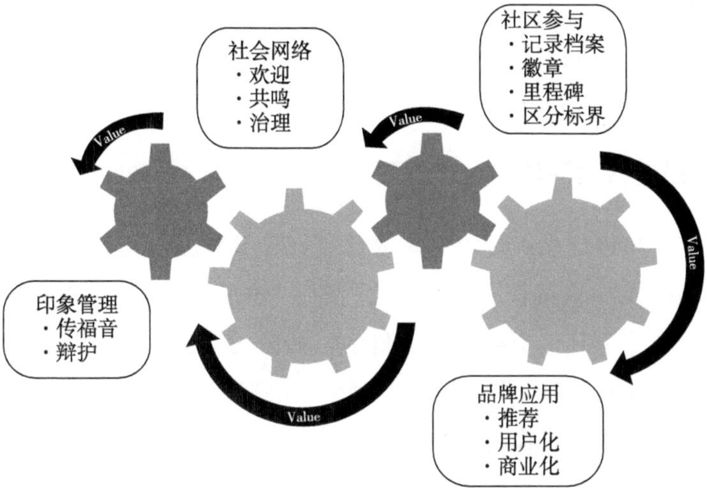

图 3-2　利益相关者参与品牌共建模式

（资料来源：Schau 等人，How Brand Community Practices Create Value [J]，Journal of Marketing，2009）

3.2.2 公司与利益相关者的参与诉求分析

然而，作为品牌价值提升的重要动力，公司与利益相关者在合作过程中却分别具有不同的目标函数。Hatch 等人（2010）以 LEGO 积木公司为案例，基于组织披露与企业利益相关者参与两个维度对品牌社群共创品牌价值的过程展开研究，并构建了企业与社群成员在合作过程中的关系模型①。公司作为品牌价值提升的直接受益者，为了追求品牌价值提升而带来的经济效益，具有足够的动机激励利益相关者的参与合作，并同时肩负着完善品牌社群的外部发展环境的责任，而利益相关者则依照公司的激励效果与在品牌共建活动本身中获得的满足感决定其是否参加品牌共建过程。也就是说品牌所属公司才是品牌共建活动的发起人，利益相关者是它为实现品牌价值提升的激励目标。Gregory（2007）以对品牌的情感为研究维度，指出对品牌的情感的高低将直接影响到利益相关者参与合作的兴趣。在极端情况下，即使公司不采取

① Hatch M J，Schultz M. Toward a theory of brand co-creation with implications for brand governance [J]. Journal of Brand Management，2010，17（8）：590-604.

任何激励措施，“品牌狂热者”仍然愿意参加品牌共建活动。而对品牌的情感较低时，社群成员则更关心公司给予的激励报酬，因此品牌情感对社群成员的激励报酬偏好有重要的限制作用，同时该研究也揭示了利益相关者在品牌共建中的主动性与积极性[①]。

3.2.3 品牌共建活动的合作过程分析

品牌治理与传统品牌理论的本质区别在于其将顾客与其他品牌利益相关者视为一种操作资源而非传统的对象资源。Vargo 和 Lusch（2004）指出操作资源可通过作用于其他资源而产生价值，如公司的竞争力；对象资源则通过被操作而产生价值，如生产原料等[②]。传统品牌理论强调顾客对品牌价值的感知或体验等，认为顾客作为一种对象资源是品牌价值的接受者。而品牌治理理论强调利益相关者对品牌价值传播的能力并认为每个利益相关者都肩负着传播、提升品牌价值的责任，承认了其在创造品牌价值过程中的主观能动性，是一种操作资源，即品牌价值是由利益相关者共同创造的，企业是品牌价值的提议与接受者而利益相关者才是品牌价值的决定者。Devasagayam 和 Buff（2008）从空间、时间和参与动机（交易和关系）三个维度将品牌社群划分为八种类型，揭示了品牌共建活动构成的复杂性，以及利益相关者合作形式的多样性[③]，因此，公司通常不可能通过与每个参与者签订契约来规定、约束其在合作中的行为。真正维系合作顺利运行的往往是大量的公司与利益相关者基于品牌建立起来的心理契约，当心理契约被满足时，利益相关者会积极努力完成任务；反之，则消极怠工，甚至脱离品牌治理系统。

心理契约的理念最早由 Argyris 提出用以描述一个工厂中雇员和工头之间的隐性关系。后来随着心理契约理论的不断充实与完善，该理论被广泛用于社会学与管理学之中。Kotter（1973）认为管理学中，心理契约是存在于个体与其组织之间的一个内隐契约（implicit contract），它将双方关系中的一方希

---

① Gregory A. Involving Stakeholders in Developing Corporate Brands：the Communication Dimension［J］. Journal of marketing management，2007，23（1-2）：59-73.

② Vargo S L and Lusch R F. Evolving to a New Dominant Logic for Marketing［J］. Journal of Marketing，2004，68（1）：1-17.

③ Devasagayam P R and Buff C L A. Multidimensional Conceptualization of Brand Community：An Empirical investigation［J］. Sport Marketing Quarterly，2008，17（1）：20-29.

望付出的以及从另一方得到的回报具体化[①]。因此，品牌治理中的品牌价值创造过程在一定程度上可被简化为一种由公司投资、利益相关者付出劳动的合作过程。在这一过程中，公司为追求品牌价值提升带来的经济利益会主动通过激励手段鼓励利益相关者参加品牌共建过程，而品牌治理系统本身则可被视为基于大量心理契约与外部契约的，用于维持品牌共建活动进而实现品牌价值提升的一种组织结构。公司的投资既包括出资构建良好的品牌共建外部环境，如搭建交流平台；又包含对品牌社群成员的直接激励，如赠送礼品或支付报酬等；利益相关者在参与合作中，除了获得了公司支付的激励报酬外还获得了参与品牌共建活动本身所带来的满足感。

3.3 基于利益相关者的参与模型构建与分析

通过对利益相关者的品牌治理参与机制分析，可以将品牌治理中品牌共建的过程看成是由品牌所属公司出资、利益相关者提供劳动的合作创造过程，创造的结果就是品牌价值的提升。本研究首先通过柯布 - 道格拉斯（Cobb-Douglas）生产函数构造品牌治理中品牌价值的生产函数，在通过引入心理契约的基础上，以各方收益的思想为线索，提出了品牌所属公司与利益相关者的预期收益函数。以生产的最优条件确定最优劳动量，并根据劳动量设计最优激励报酬，最后根据最优劳动量与最优激励报酬构造利益相关者的心理期望函数。利益相关者的心理预期不仅是解释其参与行为的关键，只有心理预期被满足，利益相关者才会选择参与品牌治理的过程；还是品牌治理中指导激励手段的重要依据，通过使利益相关者所获权益高于其心理预期维持利益相关者处于心理契约满足状态，从而保证在品牌共建过程中利益相关者的积极性。

品牌价值的生产函数

将由利益相关者参与的品牌共建行为视为一种创造品牌价值的生产过程，在该过程中公司负责提供资本直接或间接的激励利益相关者参与，而利益相

① Kotter J P. The psychological contract: Managing the joining-up process [J]. California management review, 1973, 15 (3): 91-99.

关者为创造品牌价值提供劳动。假设合作成果（即提升品牌价值的成果）可以被量化，利益相关者提供同质劳动，引入柯布－道格拉斯（Cobb–Douglas）生产函数，由于无法确定规模，报酬函数形式记为：

$$Q = F\left(L,K\right) = AL^{\alpha}K^{\beta}\text{£¬}0<\alpha\text{£¬}\beta<1\text{。}$$

其中，Q 为提升品牌价值成果的产出量；L 为由利益相关者提供的劳动量，K 为公司用于构建生产内、外部环境的投入资本；A 代表当前品牌价值创造的技术系数，是一个正的常数；α 是利益相关者所提供劳动的产出弹性；β 是品牌拥有公司所提供资本的产出弹性。

品牌价值的生产函数：$Q = AL^{\alpha}K^{\beta}\text{£¬}0<\alpha\text{£¬}\beta<1$

公司与利益相关者的预期收益函数

通过品牌价值的生产函数可知公司单位产品的投入成本为 K/Q，记为 I。由公司向利益相关者提供的单位产品激励报酬是投入成本 K/Q 的一部分，记为 ω。因此可以假设单位产品激励报酬占单位产品的投入成本的比率为 m，则 $I = K/Q = \omega/m$。

假设单位产品价格为 P，则公司的预期收益为：

$$\Pi c = (P - I)Q = PAL^{\alpha}K^{\beta} - (\omega/m)AL^{\alpha}K^{\beta} = (P - \omega/m)AL^{\alpha}K^{\beta}$$

因此对于公司，只要单位价格 P 大于单位投资成本 K/Q 就是有利可图的，合作就能顺利进行。假设利益相关者对单位产品预期收益为 $S(\omega)$，利益相关者创造单位产品付出的劳动成本为 $f(L)$，显然 $f(L)$ 为劳动量 L 的增函数。利益相关者的收益函数为：

$$\Pi_p = [S(\omega) - f(L)]Q = [S(\omega) - f(L)]AL^{\alpha}K^{\beta}$$

当单位产品预期收益为 $S(\omega)$ 大于创造单位产品付出的劳动成本为 $f(L)$ 时，利益相关者加入品牌共建是有利可图的，因此会参与合作。

公司的收益函数：$\Pi c = (P - \omega/m)AL^{\alpha}K^{\beta}$

利益相关者的收益函数：$\Pi_p = [S(\omega) - f(L)]AL^{\alpha}K^{\beta}$

最优条件下利益相关者的心理期望函数

假设在品牌共建过程中合作顺利，利益相关者以最优劳动量 L^* 进行工作，根据利益相关者的收益函数一阶条件求解可知：

$$\frac{d_{\Pi_p}}{d_L}=\alpha[S(\omega)-f(L)]AL^{\alpha-1}K^{\beta}-f'(L)AL^{\alpha}K^{\beta}=0$$

即：$L^*=\dfrac{\alpha[S(\omega)-f(L^*)]}{f'(L^*)}$

将利益相关者的最优劳动量 L* 代入品牌所属公司的收益函数 Πc，可得：

$$\Pi_c=PA\left\{\frac{\alpha[S(\omega)-f(L^*)]}{f'(L^*)}\right\}^{\alpha}K^{\beta}-(\omega/m)A\left\{\frac{\alpha\left[S(\omega)-f(L^*)\right]}{f'(L^*)}\right\}^{\alpha}K^{\beta}$$

在确定最优劳动量的情况下，公司可根据最优劳动量 L^* 选择最优单位产品激励报酬 ω^*，对公司的收益函数一阶条件求解可知：

$$\frac{d_{\Pi_c}}{d_{\omega}}=\frac{PAK^{\beta}\alpha^{1+\alpha}S'(\omega)}{[S(\omega)-f(L^*)]^{1-\alpha}f'(L^*)^{\alpha}}-\frac{\omega AK^{\beta}\alpha^{1+\alpha}S'(\omega)}{m[S(\omega)-f(L^*)]^{1-\alpha}f'(L^*)^{\alpha}}-\frac{AK^{\beta}\alpha^{\alpha}[S(\omega)-f(L^*)]^{\alpha}}{mf'(L^*)^{\alpha}}=0$$

经化简可得：$\omega^*=mP-\dfrac{[S(\omega^*)-f(L^*)]}{\alpha S'(\omega^*)}$

经转化可得劳动与激励报酬都最优时，利益相关者的心理期望函数：$S(\omega^*)=(mP-\omega^*)\alpha S'(\omega^*)+f(L^*)$ 或 ω^* 最优的情况下：$S(\omega^*)=m(P-I)\alpha S'(\omega^*)+f(L^*)$。此时心理期望函数包含两个部分：用于支付劳动成本 $f(L^*)$ 的基本报酬期望与剩下的超额报酬期望。

最优条件下利益相关者的心理期望函数：$S(\omega^*)=m(P-I)\alpha S'(\omega^*)+f(L^*)$

基于心理期望函数的品牌治理参与行为分析

品牌社群成员的心理期望函数，同时满足劳动量最优与单位产品激励报酬最优，即同时满足了公司与利益相关者追求权益的基本条件并达到了均衡状态，因此 $S(\omega^*)$ 就是利益相关者达成心理契约的标准，也是参与品牌治理活动的底线。在合作创造品牌价值的过程中，当利益相关者生产单位产品实际获得权益（包括公司所付出的激励报酬与在活动中所获得满足感）大于等

于标准 $S(\omega^*)$，则利益相关者的心理契约得到有效履行，从而使其对公司及其品牌的归属感增强，参与品牌治理的积极性提升，维护了品牌治理系统的有效运行。通常，利益相关者在品牌共建过程中实际获得效益超出其预期效益越多，利益相关者参与品牌治理的积极性越高。反之，当利益相关者生产单位产品实际获得效益小于 $S(\omega^*)$，则心理契约破裂，劳动的积极性下降，对公司及其品牌的归属感甚至忠诚度减弱，最终选择不再参与品牌治理活动。因此，品牌所属公司应增加利益相关者实际获得权益以维持公司与利益相关者间的心理契约。

除了通过增加利益相关者实际获得权益以外，公司还可以考虑影响利益相关者参与合作预期收益的各种因素，通过降低利益相关者达成心理契约的标准，达到维持心理契约与降低投入成本的目的。根据心理期望函数 $S(\omega^*)=m(P-I)\alpha S'(\omega^*)+f(L^*)$，利益相关者的心理预期主要包含两个部分：用于支付劳动成本 f（L*）的基本报酬期望与剩下的超额报酬期望 $m(P-I)\alpha S'(\omega^*)$。基本报酬期望所对应的 $f(L^*)$ 源于利益相关者在品牌共建过程中付出的劳动成本，一般来说工作越努力，期望获得的也越多。公司可以通过降低劳动强度减少劳动成本 $f(L)$，从而降低心理期望函数 $S(\omega)$，然而基本报酬期望与品牌治理中利益相关者的努力程度一一对应，通常公司不希望通过降低合作的努力程度来降低利益相关者的心理预期，因为该方案会影响利益相关者的努力程度从而大大降低品牌共建的效果，所以公司往往更关注超额报酬期望。

从品牌所属公司的角度分析，最简单的影响利益相关者心理预期的手段就是提高投资或改变投资比率。在激励报酬最优情况下，可以通过提高投入成本 I 中非激励报酬的比重，降低 m 与 $(P-I)$ 实现降低此标准，即增加对品牌共建外部环境的投资可以降低成员的要求。从实务层面，品牌共建的外部环境建设得越好，如通畅的沟通平台、高档的活动设施等，越容易使利益相关者获得满足感，从而降低了对物质利益要求的标准。然而，公司视角下，增加外部环境投资需要非常慎重，因为在降低利益相关者心理契约标准的同时增加了公司的投入成本，变相减少了收益，因此，公司往往只在尚未形成心理契约或心理契约即将破裂时，将外部环境投资作为备选策略。并且以投资外部环境的资金直接奖励利益相关者同样可以起到激励成员履行心理契约的效果。为方便比较外部环境投资与资金奖励两种方案的优劣，不妨引入资金增量 ΔX，假设利益相关者数量为 n 且成员间没有差别，资金奖励方案中将增加的资金平均分配给利益相关者，两种方案实施前，利益相关者的心理契约均得到基本满足，两种方案实施后，实际获得的福利与达成心理契约标准之间的差值为 W_1 与 W_2，其他条件维持不变，则投资外部环境方案中，由于心理预期标准下降获得的额外福利为：

$$W_1=\frac{\omega^*}{I}(P-I)\alpha S'\left(\omega^*\right)+f\left(L^*\right)-\frac{\omega^*}{I+\Delta X}(P-I-\Delta X)\alpha S'\left(\omega^*\right)-f\left(L^*\right)$$
$$=\frac{\Delta XP}{(I+\Delta X)I}\alpha\omega^* S'\left(\omega^*\right)$$

资金奖励方案中，每个利益相关者获得的额外福利 $W_2=\frac{\Delta X}{n}$，当 $W_1>W_2$ 时，即 $n>\frac{(I+\Delta X)I}{P\alpha\omega^* S'\left(\omega^*\right)}$ 时，投资外部环境方案的效率高于资金奖励方案；当 $W_1=W_2$ 时，即 $n=\frac{(I+\Delta X)I}{P\alpha\omega^* S'\left(\omega^*\right)}$ 时，两方案效率一致；当 $W_1<W_2$ 时，即 $n<\frac{(I+\Delta X)I}{P\alpha\omega^* S'\left(\omega^*\right)}$ 时，投资外部环境方案的效率低于资金奖励方案，如图 3-3。在实物层面，通常利益相关者数量越大，采取投资外部环境方案的效率就越高。

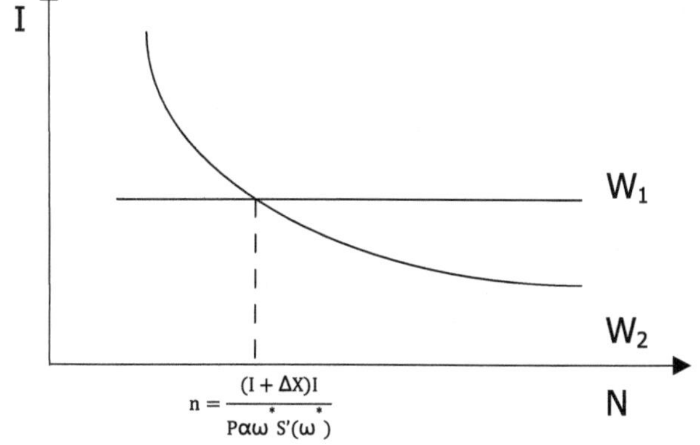

图 3-3　内、外部投资效率图

除投资结构外，劳动的产出弹性 α 也会影响利益相关者的心理期望。劳动的产出弹性 α 反映了产量变化率对劳动变化率的反应程度，即当投入的劳动量增长 1% 时产量增加 α%。在一般生产活动中，劳动的产出弹性 α 往往受到当时生产环境的影响，如劳动密集型还是技术密集型，然而在品牌共建创造品牌价值的过程中，其很大程度上依赖于利益相关者所拥有的资源，如传播品牌的渠道与传播信息的公信力等。根据期望价值函数可知在其他因素不变的情况下，利益相关者所拥有的资源越多，α 越大其心理契约的达成标准越高，反之则标准降低。另外，利益相关者的心理期望对激励报酬的偏好程度 $S'(\omega^*)$ 对心理契约的达成标准会产生影响。根据前文中的分析，利益相关者对激励报酬的偏好受到品牌情感的制约，制约越大则成员对激励报酬的偏好越低，其心理契约的达成标准也就越低，反之则心理契约的达成标准越高。

3.4 提取参与品牌治理的影响因素

根据前文对利益相关者参与机制的分析，满足利益相关者的心理期望就是一切品牌合作行为的基础，也是利益相关者选择参与品牌治理活动的前提条件。一旦心理期望被满足，利益相关者就会选择加入品牌共建过程，从而实现了品牌治理所提倡的多元参与。因此，利益相关者心理期望的影响因素就是影响其参与品牌治理行为的决定性因素，根据利益相关者在品牌合作中的心理期望函数 $S(\omega)=m(P-I)\alpha S'(\omega)+f(L)$ 发现，激励报酬占投资比（m）、品牌合作产出的产品价格（P）、投资规模（I）、利益相关者所提供劳动的弹性（α）、利益相关者对物质激励的偏好程度 $S'(\omega)$ 与劳动成本 $f(L)$ 是决定利益相关者心理期望的关键，然而作为经济学数理研究得到的成果，由于过度理论化而忽略了实践层面的现实状况。如品牌合作产出的产品价格涉及品牌价值的提升，在实践层面很难测量。另外，结论基于经纪人假设，而实践中，由于信息不对称，利益相关者很难得知如投资规模与激励报酬占投资比等具体数据，往往只是根据个人的感知大体衡量，从而为其心理预期做出判断。因此，本文在分析前人研究成果与实地访谈的基础上，对已发现的五种要素进行解释与修正，最终将其扩展为六类便于研究的利益相关者参与品牌治理的影响因素。

3.4.1 劳动成本

劳动成本 $f(L)$ 是影响利益相关者参与品牌治理的重要因素之一。劳动成本反映了利益相关者在品牌治理过程中的努力程度，体现了利益相关者对其在品牌共建中所付出的努力的基本诉求。根据心理预期函数，利益相关者付出的努力越多，其劳动成本就越大，对品牌治理行为的心理预期就越高。为了进一步完善影响因素的理论与实践意义，本研究通过与营销学专家学者、品牌管理者以及品牌治理活动参与者的讨论，对影响因素的可操作性进行探索，为后续研究奠定基础。根据实地调查所获得的结果与建议，劳动成本作为利益相关者参与品牌治理的影响因素，不仅在理论层面站得住脚；在实际操作层面，劳动成本较为容易被观测。然而，Ramaswamy 与 Gouillart（2010）通过乐高与苹果几个案例指出：品牌共建过程中，参与者往往不考虑其自身的劳动成本[①]。Kohler 等人（2011）也以品牌狂热者的共建体验为基础，提出劳动成本对其影响不大[②]。其实，在他们的研究中，利益相关者对劳动成本的诉求并非不存在，只是被参与合作体验所获得满足感替代了。并且，研究对象往往只是品牌狂热者，缺乏推广意义，如考虑公司与较大的利益相关者机构合作则不能不考虑劳动成本。因此，本文将劳动成本定义为第一个利益相关者参与的影响因素。

3.4.2 宣传能力

品牌合作产出的产品价格（P）与利益相关者所提供劳动的弹性（α）构成了一条由利益相关者通过品牌共建提升品牌价值的线路。劳动弹性揭示劳动在品牌共建过程中的重要性，代表利益相关者对提升品牌价值的影响能力；产品价格表示品牌价值的提升水平，代表利益相关者创造品牌价值的效果。

---

① Ramaswamy V, Gouillart F. Building the co-creative enterprise [J]. Harvard business review, 2010, 88 (10): 100-109.

② Kohler T, Fueller J, Stieger D, Matzler K. Avatar-based innovation: Consequences of the virtual co-creation experience [J]. Computers in Human Behavior, 2011, 27 (1): 160-168.

根据心理预期函数，无论产品价格还是劳动弹性，都对利益相关者的心理预期具有正向影响，当产品价格或劳动弹性提升时，利益相关者心理期望也会提高，并对利益相关者的参与意识产生影响。然而，产品价格和劳动弹性两因素过于抽象，不利于后续研究的开展，所以通过与营销学专家、品牌管理者的研讨，将产品价格和劳动弹性归纳总结为利益相关者的宣传能力。在品牌实践活动中，劳动弹性实际反映了利益相关者所占有的宣传渠道，宣传渠道数目越多性质越独特，则利益相关者所提供的劳动越不容易被别的因素取代，其劳动弹性就越大。产品价格实际反映了利益相关者宣传品牌的效果，宣传力度越大，则产品价格越高。使用宣传能力概括产品价格与劳动弹性具有两个层面上的含义，分别对应了宣传渠道与宣传效果，即利益相关者占有的用于品牌共建的资源数与该资源对提升品牌价值的效果。因此，将宣传能力定义为第二个利益相关者参与的影响因素。

3.4.3 活动乐趣与品牌情感

利益相关者对物质激励的偏好程度 $S'(\omega)$ 体现其对物质利益的敏感性，表达了利益相关者在参与品牌治理时的物质诉求，是影响利益相关者参与决策的重要因素之一。根据心理预期函数，在其他条件不变的情况下，利益相关者对物质激励的偏好程度的高低对其心理诉求有正向影响，并最终影响到利益相关者的参与决定。然而在实践活动中，该偏好程度受到多种因素的制约。Kohler 等人（2011）通过研究发现强烈的品牌情感可以降低利益相关者参与品牌活动时对物质追求的敏感性，并指出以品牌情感降低利益相关者对物质激励的偏好程度将为公司构建低成本的品牌发展道路提供指导[①]。Fuller（2010）则指出品牌活动本身就能为参与的利益相关者提供愉悦的体验，从而降低对物质追求的热情[②]。本研究通过实地访谈，以品牌专家和管理者的意见为指导，使用品牌情感与活动乐趣两个因素解释利益相关者对物质激励的偏好程度。通常随着品牌情感提升，利益相关者越来越关注品牌本身而非物质

① Kohler T, Fueller J, Stieger D, Matzler K. Avatar-based innovation: Consequences of the virtual co-creation experience [J]. Computers in Human Behavior, 2011, 27 (1): 160-168.

② Fuller J. Virtual co-creation of new products and its impact on consumers' product and brand relationships [C]. In Academy of Management Annual Meeting Proceedings, Montreal, 2010.

利益；同样，如果利益相关者能从品牌活动中获得愉悦体验，则吸引其参与品牌活动的往往不是物质利益，而是活动的乐趣。因此，在本研究中将品牌情感与活动乐趣分别定义为第三个与第四个影响利益相关者参与的因素。

3.4.4 交流环境与物质激励

激励报酬占投资比（m）与投资规模（I）实际上反映了公司对内外部投资的态度。根据构建利益相关者参与模型时的假设，公司的投资被分为两个部分，一是用于直接激励利益相关者的内部投资，如奖金、合作补贴等，剩下的为用于建设品牌共建外部环境的投资，如交流平台的搭建、沟通渠道的设立等。通过激励报酬占投资比与投资规模就可以确定公司为外部环境与内部激励具体投资了多少，而无论是对环境投资还是直接激励都将会影响到利益相关者的感知，进而影响其参与决定。公司投资于品牌共建外部环境，为利益相关者创造了更舒适、便捷的交流平台，增加其参与合作时的满意度并加强了利益相关者间的关系，为获得合作满足感奠定了基础。因此，外部投资是影响利益相关者参与意识的重要因素之一。同时，直接通过物质激励吸引利益相关者加入品牌治理合作过程也是影响利益相关者参与品牌治理的重要手段。然而本研究考虑的是利益相关者的心理诉求，由于信息不对称，利益相关者往往并不知道公司对外部与内部投资的具体数目，并且以“外部投资”与“内部投资”命名的两个因素不能很好地体现出品牌共建过程的特点，通过咨询品牌专家和管理者，本文使用“交流环境”代表外部投资的效果，用“物质激励”代替内部投资，并将其分别定义为影响利益相关者参与的第五个与第六个因素。

3.5 基于参与模型的利益相关者分类

根据利益相关者参与模型不难发现，在最优生产条件下，利益相关者的心理预期与公司投资政策、激励报酬偏好程度、劳动弹性、劳动成本等因素有关。以劳动弹性与激励报酬偏好程度两个利益相关者本身具有的属性为线索，对划分利益相关者具有重要指导意义。虽然劳动的产出弹性与社群成员对激励报酬的偏好程度会影响其心理契约的达成标准，但从操作层面上，两因素过于抽象不利于分析的展开。因此使用利益相关者拥有的专有资源与对品牌的情感加以代替，进一步地细分利益相关者种类，不仅能更深入地了解利益相关者的特点与诉求，还可以提出更具针对性和指导性的建议。根据资源与品牌情感可将与公司相关的全部利益相关者划分为四种类型，以其特点为命名依据，拥有资源少且品牌情感低的利益相关者称为备用型，热爱品牌却缺乏资源的称为奉献型，虽对品牌缺乏兴趣但拥有品牌发展所需资源的称为权益型，既拥有资源又对品牌有较强情感的称为伙伴型，如图 3–4。利益相关者的分类体现了拥有资源由少向多、对品牌的情感由浅到深的变化趋势，并不存在明确的界限，并且不同类型的利益相关者可以相互转化，如权益型的某品牌传播机构在与公司的多次合作中加深了对品牌的情感，因而转化为伙伴型成员，而某个奉献型成员因心理契约破裂而退化为备用型。

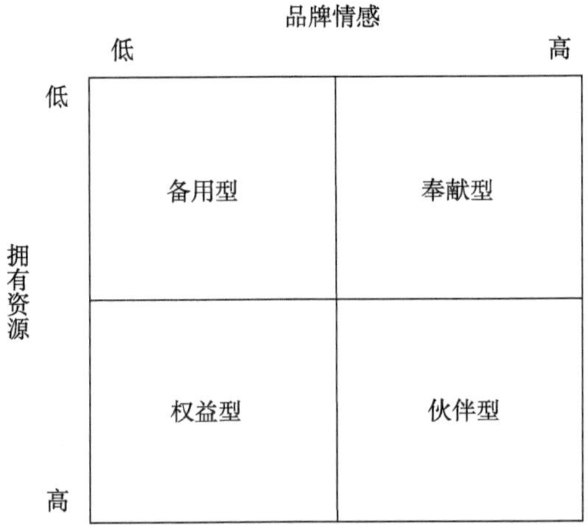

图 3–4 基于参与模型的利益相关者四种分类

备用型利益相关者

备用型利益相关者对品牌情感较弱，只关心利益得失，所以对激励报酬的偏好程度高；同时，其拥有的资源较少，劳动弹性较低。在实践活动中，该类利益相关者往往对应着潜在顾客或联系并不紧密的上下游企业。根据心理期望函数 $m(P-I)\alpha S'(\omega^*)+f(L^*)$，虽然备用型利益相关者拥有的代表劳动产出弹性 α 的资源较少，但是 $S'(\omega^*)$ 却较高，因此对除了支付劳动成本 f（L^*）的基本报酬外，还对超额报酬有一定的诉求动机。品牌所属公司在支付基本劳动报酬的情况下，很难将该类利益相关者引入品牌治理的过程。另外，由于劳动产出弹性较低，该类利益相关者对提升品牌价值的贡献有限，且很容易被其他资金因素所替代。也就是说，从公司的视角，与该类利益相关者合作不仅产出不高，还需要支付不菲的激励报酬。因此，备用型利益相关者通常并不作为公司的首选合作目标。但是也应注意到备用型利益相关者的数量庞大，有巨大的发展潜力，公司并不能无视其作用。即使不与之合作，公司仍应当尽量保持与该类利益相关者的单向沟通，如通过广告等大众传播手段将品牌信息传递给该类群体，从而一直保持联系并为转化成为其他类型的利益相关者储备资源。

奉献型利益相关者

奉献型利益相关者对品牌情感较强，对激励报酬的偏好程度 S'（ω^*）低，拥有的代表劳动产出弹性 α 的资源较少。在实践中，品牌粉丝与爱好者是该类成员的代表。根据心理期望函数 m（$P-I$）$\alpha S'$（ω^*）+ f（L^*），奉献型成员对超额报酬要求低。通常，奉献型成员有较强的交流欲望与合作动机，是公司最廉价的合作伙伴。虽然单个成员对提升品牌价值的作用有限，但如果公司能合理引导，使该类利益相关者凝聚起来形成合力将成为品牌发展的重要力量。特别是当该类成员对品牌情感足够强时，其在品牌共建活动中获得的满足感可能会大于心理期望函数 m（$P-I$）$\alpha S'$（ω^*）+ f（L^*）。此时，公司可以在不支付任何激励报酬的情况下享受该类利益相关者带来的劳动成果，这也是该类利益相关者名字的由来。奉献型品牌社群成员揭示了品牌众包模式的秘密，Howe（2008）把众包模式定义为企业将传统业务分解以自由自愿的形式承包给非特定大众的一种商业模式，并指出兴趣会代替利益激励大众完成任务而公司则节省了大量成本。然而，公司应注意对奉献型社群成员心理契约的维持，不能无限制地榨取其劳动，否则心理契约破裂，奉献型成员会退化为备用型。另外，公司也可授予奉献型成员一定资源，如 LEGO 公司选出乐于奉献且对品牌贡献卓越者担任品牌社群交流平台主管，实现奉献型向伙伴型的转化。

权益型利益相关者

权益型利益相关者拥有的代表劳动产出弹性 α 的资源较多，对品牌发展贡献大，但是由于对品牌情感较弱，对激励报酬的偏好程度 S'（ω）高，且很难在品牌活动中获得的满足感，所以他们参与合作的动力主要来源于报酬收益。在实践活动中，广告公司与新闻媒体是该类成员最典型的代表。根据心理期望函数 m（P–I）α S'（ω）+ f（L^*），由于 α 与 S'（ω）双高，权益型利益相关者对超额报酬有很强的诉求动机。但同时，该类成员往往掌握品牌发展的重要资源，可以为品牌共建做出巨大贡献，是不可缺少的合作伙伴。总体来说，虽然该类利益相关者在品牌共建过程中作用显著，但品牌所属公司需要投入大量合作成本才能将该类利益相关者引入品牌治理的合作之中，然而由于缺乏品牌情感的制约，使得该类成员存在寻租行为的风险。因此，针对权益型利益相关者，可用实物契约代替心理契约以降低风险，并且设计合理的监督、约束机制，保证其在品牌治理过程中履行职责。另外，公司也应注意与该类利益相关者情感的培养，在合作中不断加强关系的建设，实现权益型利益相关者向伙伴型利益相关者的进化。

伙伴型利益相关者

伙伴型利益相关者所拥有的可用于发展品牌的资源多，劳动弹性较高，同时对品牌情感强，激励报酬的偏好程度 S'（ω^*）较低。在实践活动中，该类利益相关者往往对应着联系紧密的上下游公司与战略合作伙伴等。根据心理期望函数 m（P–I）α S'（ω^*）+ f（L^*），虽然伙伴型成员的劳动产出弹性 α 较高，但对激励报酬的偏好程度 S'（ω^*）较低，因此对超额报酬的诉求要根据当时实际情况决定。然而在品牌治理过程中，伙伴型社群成员参与品牌共建活动本身也能获得一定的满足感，不但可以对交易型心理预期所获得的满足感产生替代作用，还减少了合作过程中寻租行为出现的概率。通常伙伴型品牌社群成员有较强的合作动机，并重视与其他品牌社群成员间的交流，然而作为品牌合作的重要参与者，该类利益相关者也不会放弃利益最大化的机会。王海忠（2009）提出公司与重要利益相关者的合作，不但突破了传统品牌发展的资源局限，还提高了品牌化的效率，是实现品牌杠杆的重要手段①。因此从公司的视角，充分调动伙伴型利益相关者的积极性与合理调用该类成员拥有的资源是发展品牌的最佳途径之一。从品牌治理的角度上分析，

① 王海忠 . 品牌杠杆：赢得品牌领导的资源整合战略［M］. 人民邮电出版社，2009

公司既应注重对已有伙伴型利益相关者的维持又应培养与发展新的伙伴型成员。

品牌治理的主体

通过品牌情感与拥有资源对利益相关者分类使利益相关者不再按照其功能分为股东、债权人、顾客、供应商等多种群体，而是聚合成更适用于品牌治理研究的备用型、奉献型、权益型与伙伴型四类利益相关者，不仅打破了传统分类方式在品牌治理研究中的局限，使利益相关者更紧密地围绕在品牌业务的周围。还为更有效区分品牌共建过程中的治理主体奠定了基础。首先，公司作为品牌的所有者受到法律的保护，是品牌治理主体的核心，其目的是通过品牌追求公司利益的最大化。然而，公司为克服品牌发展资源瓶颈引入品牌共建之后，利益相关者也被引入了对品牌进行治理的过程。奉献型利益相关者往往肩负着品牌宣传的责任，行使了部分经营权，权利来自公司正式或非正式的授权，是品牌治理主体的重要组成部分。伙伴型利益相关者是公司发展品牌的重要合作伙伴，其利益通常与品牌发展息息相关，因此该类利益相关者是公司配置品牌资源，提高品牌价值的重要助手。权益型利益相关者作为社会监督体系的延伸，是防止公司与部分利益相关者合谋虚假宣传、欺诈消费者的重要力量，也是品牌治理主体的必要组成部分。最后，备用型利益相关者虽然并不会主动参与品牌治理过程，但也与品牌发展存在不同程度的关系，这就为其在一定条件下影响品牌治理提供了可能。品牌治理主体如图 3–5。

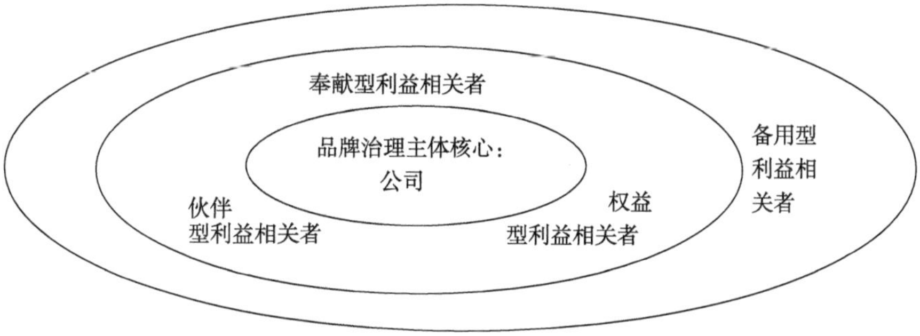

图 3–5　品牌治理主体图

3.6 本章小结

本章通过回顾关于利益相关者参与品牌治理影响因素的现有文献，发现当前研究的问题与局限。针对前人研究没有真正以利益相关者为导向以及缺乏统一、严谨的研究思路，本章在分析基于利益相关者的品牌治理参与机制的基础上，将品牌共建过程视为由公司与利益相关者共同参与的生产过程，品牌治理则是为实现该生产的制度研究，并以此为线索，通过心理契约理论构建了利益相关者参与模型，最终推导出利益相关者参与品牌共建活动的心理预期函数。首先根据心理预期中涉及的利益相关者特征对全部利益相关者进行分类，划分为备用型、奉献型、权益型和伙伴型四种。然后通过理论分析与实地访谈将心理预期函数所涉及的五种要素进行解释与修正，将其扩展为六类影响利益相关者参与品牌治理的因素。

第 4 章　品牌治理水平测量指标构建

品牌治理水平的衡量问题一直是学术界研究品牌治理的难点，也是困扰实践管理者的难题之一。相比发展较为完备的公司治理水平评价体系，品牌治理水平的衡量仍处于初级阶段。当前，学者多以品牌共建创造的品牌价值作为衡量品牌治理水平的标准。前文中分析过，品牌共建是通过利益相关者合作提升品牌价值的品牌化手段，是品牌治理理论的基础起源与实现载体；品牌治理则是对品牌共建的过程进行治理，保证利益相关者间合作得以顺利、公正地运行。也就是说，品牌治理不仅仅关注品牌价值提升的效率，同时也应兼顾合作的公平性。所以仅通过提升的品牌价值衡量品牌治理水平，无法体现品牌治理的公平原则，并且在实践层面，许多公司通过违规手段侵占其他利益相关者的权益，牺牲品牌发展的健康程度换取短期内品牌价值的提升，揭示出以品牌价值作为品牌治理效果衡量标准的研究无法克服的局限。因此，设计一套能够同时兼顾效率与公平的品牌治理水平衡量体系对品牌治理在理论层面与实践层面的发展具有重要的研究意义。本研究首先回顾了前人的研究成果，以此为基础分析品牌共建的合作机制与设计品牌共建合作模型，通过合作模型对品牌共建过程的模拟发现合作中的问题并探索品牌治理的作用，最后根据研究发现提出品牌治理融入度的具体指标，据此对品牌治理效果进行评估。

4.1 传统品牌治理水平的评价体系

对品牌治理水平进行度量是分析品牌治理成功与否的基础，也是未来进一步改善品牌治理规范的重要依据，在品牌治理研究领域具有举足轻重的地位。然而，针对品牌治理水平的研究明显少于其他方面的研究。这主要是因为品牌治理还是一门新理论，研究时间有限，并且品牌治理水平评估本身又是该领域的研究难点，在有“品牌价值提升”这个勉强可用指标的情况下，学者们更愿将精力投入到同样不完善的品牌治理价值创造机制或品牌治理关系构建机制等领域。本文在有限的研究成果的基础上，重新思考了品牌治理水平的衡量指标，提出了“品牌治理融入度”。

4.1.1 传统品牌治理水平评价指标

当前，大部分的学者以提升的品牌价值作为衡量品牌治理水平的指标。品牌治理保障了品牌共建活动的运行效率，对提升品牌价值具有重要作用。使用品牌价值等财务指标确实在一定程度上反映了品牌治理的水平，甚至可以对确立品牌治理规范提供指导，并且财务指标相对较容易获得，从而为品牌治理水平的研究提供了便利条件。但是，财务指标只能反映当期的品牌价值，并无法对品牌共建活动中品牌发展的健康程度做出解释，忽略了品牌治理保障合作合规、公正的作用。因此，品牌价值提升可以作为品牌共建活动的评价指标，却不能较为全面地衡量品牌治理水平。有感于此，有学者提出用品牌忠诚的提升作为衡量品牌治理水平的标准（李智娜，2010）①。品牌治理水平的高低直接影响到品牌共建的合作过程，进而影响到利益相关者对品牌的忠诚。利益相关者更容易在治理效果好的品牌共建活动中得到满足，为提升品牌忠诚度奠定基础；反之，则品牌忠诚度下降。因此相比于品牌价值的提升，品牌忠诚作为衡量指标更能反映出品牌治理水平对品牌合作过程健康程度的影响。然而，品牌忠诚作为营销领域的核心概念受到多种因素的影响，如产品质量、价格等，品牌治理只是众多环节中的一个因素，使用品牌忠诚作为衡量指标很难精确地对品牌治理水平做出判断。

鉴于营销领域传统指标，如品牌价值与品牌忠诚，在衡量品牌治理效果时存在的弊端，研究者们开始通过对品牌治理过程的研究自主设计品牌治理水平的评价体系。Ind 与 Bjerke（2007）提出品牌治理的实质就是对由全部利益相关者全员参与的品牌共建活动的保障体系，并以人力资源驱动、文化驱动和参与模式下领导能力三个指标衡量品牌治理的过程与水平②。该研究以品牌治理过程为导向，构建品牌治理效果全新评价体系，为后续研究奠定了基

① 李智娜 . 在线品牌社群中互动性对品牌忠诚度的影响研究［D］. 复旦大学，2011.

② Ind N and Bjerke R. Branding Governance［M］. London：Wiley&Sons，2007：38–41

础并指明了新的思路，但是在其文中只是着重介绍了三个指标的重要性，即解释了为什么选这三个指标，没有对该指标体系的出现过程进行分析，即没有解释这三个指标是如何选取出来的，从而使该评价体系的科学性大打折扣。Hatch 与 Schultz（2010）以品牌共建过程为研究基础，将利益相关者间合作分解为交流、接口、透明度与风险四个环节，提出衡量品牌治理水平的两个重要因素，互动程度与公司开放程度①。该衡量指标侧重揭示了品牌治理在品牌共建过程中的作用，在一定程度上兼顾了效率与公平，是当前品牌治理效果研究中较为完善的指标之一。然而，该研究成果以乐高公司品牌共建的案例为研究背景，案例研究的特殊性对其成果的推广能力造成了一定的影响，同时该研究完全建立在自愿互动基础上，没有对品牌治理中一些强制措施进行分析，缺乏对治理中监督与约束行为的考虑，没能反映出品牌治理对品牌共建过程中各方参与者的制衡效果。

4.1.2 品牌社群融入度的启示

品牌社群融入度是品牌社群研究领域的热点，也是反映品牌社群有效程度的重要指标。Tsai 等人（2012）将品牌社群融入度定义为社群成员与其他成员在品牌社群活动与互动过程中的介入程度②。简单来说就是通过社群成员在品牌社群中的不同表现反映品牌社群当前的运行状态。品牌社群的最终表现本质上就是全部参与者在品牌社群内的表现的集合，因此以社群融入度作为衡量品牌社群工作水平的指标最大的优势就是可以准确反映当前品牌社群的运行状态。其次，品牌社群融入度反映了一种连续的状态，可以体现出品牌社群不断发展的过程。最后，品牌社群融入度在不同品牌社群间差别明显，为区分不同品牌社群的实现程度提供了重要依据。但是也应注意到虽然品牌社群融入度作为衡量品牌社群运行效果的主要指标取得了学术界的广泛认可，就如何构建品牌融入度体系却没有达成共识，即对品牌社群融入度的二级指标仍存在分歧。刘勇（2009）通过对品牌社群基本逻辑的分析以同类意识、

① Hatch M J，Schultz M. Toward a theory of brand co-creation with implications for brand governance［J］. Journal of Brand Management，2010，17（8）：590-604.

② Tsai H T，et al. Brand Community Participation：Examining the Roles of Individual-，Group-，and Relationship-level Antecedents［J］. Journal of Business Research，2012，65（5）：676-684.

社群精神与社群责任构建品牌社群融入度[①]。而张洪吉等人（2012）则按融入层次不同将品牌社群融入度分为行为融入、情感融入、意向融入、倾向性融入、负向融入五类[②]。Tsai 等人（2012）从个人、团队、关系三个层面定义品牌融入度。由此可见，即使将融入度引入品牌治理效果衡量体系，其二级指标仍是待解决问题之一。

品牌社群融入度的思想，为品牌治理水平评价研究指出了一条新的思路，具有重要的借鉴作用。如果把公司与利益相关者在品牌治理过程中完成自己所承担责任与义务的程度定义为品牌治理融入度，则该融入度可以有效反映出品牌治理的水平。在品牌治理过程中，治理水平本来就是通过利益相关者参与并承担责任实现的，因此利益相关者在品牌共建过程中表现的不同直接关系到品牌治理的实现程度。也就是说，品牌治理融入度从本质上决定了品牌治理水平，对品牌融入度测量就是对品牌治理水平的度量。另外，与品牌社群融入度一样，品牌治理融入度也反映了一种连续的状态，从而解决了无法在客观上严格区分利益相关者在品牌共建过程中到底有没有真正参与品牌治理的问题。

4.2 品牌治理作用机理分析

品牌共建是品牌治理的载体，也是形成品牌治理的基础；品牌治理是保障品牌共建顺利运行的规则与制度。虽然品牌共建与品牌治理有区别，但却都是当代品牌发展的两个必要条件，缺一不可。简单来说，品牌共建是品牌发展的目标理念，品牌治理是品牌发展的实现手段。为了明晰品牌治理的作用机制，首先要揭开品牌共建的管理黑箱。

4.2.1 品牌共建过程中公司与利益相关者间的博弈

品牌共建的首要任务是将能够提升品牌价值的利益相关者纳入合作的过程中，要完成该任务品牌所属公司需要不断加强品牌的吸引力，以吸引更多

---

① 刘勇 品牌社群融入的测量 _ 影响因素及其对品牌忠诚的影响研究［D］. 浙江大学，2009.

② 张洪吉，高磊，张红红 . 品牌社群融入度对品牌忠诚影响的实证研究［J］. 商业时代，2012（15）：34-35.

的顾客与其他利益相关者，同时设立完善交流通道与合作端口，加强与利益相关者间的关系，构建能够提升品牌价值的关系网络。最后提出一份可以被利益相关者广泛接受的品牌价值主张，调动利益相关者的积极性并使之加入品牌合作的过程之中，为提升品牌价值贡献力量。然而，在品牌合作的过程中，公司以及各种利益相关者毕竟属于不同的利益集团，即使统一地参与了合作，由于在合作过程中的地位不同，为合作投入的专项资源也各异，难免会产生分歧，特别是往往难以对各自应支出的成本及可获收益达成一致。因此，品牌所属公司及利益相关者间通常会展开合作博弈，在博弈过程中处于优势地位的某些利益相关者获得更多资源而处于弱势地位的利益相关者仅能享有少部分品牌合作成果，即通过博弈实现了资源与利益的有效划分。而品牌共建的过程则可以被看作是公司与利益相关者间通过不断博弈持续合作的过程，也就是说博弈不仅是实现品牌共建的必然环节，也是分配品牌共建成果的主要手段。

4.2.2 品牌治理在博弈中的作用

如果将品牌共建视为品牌所属公司与利益相关者间的博弈过程，品牌治理则肩负着保障该博弈过程的有序且高效的重任。通常，品牌治理在博弈中有两个主要作用。第一，通过公正、公平维持博弈有序的运行，确保没有利益相关者因受到不公正待遇而退出。这就要求参加博弈的各方能够广泛地监督合作中的不道德行为，并针对这些不道德行为制定处罚机制与措施，通过处罚约束品牌所属公司与各利益相关者在品牌共建过程中的行为，保证合作博弈的公平性，使博弈过程有序、使品牌发展健康。第二，保证最终的博弈结果能产生最优的品牌共建成果。由于参与博弈的各方都可以对其自身的行为做出选择，如提供劳动的多寡、尽职尽责的程度等。因此，即使利益相关者参与合作博弈的过程，并且合作博弈能够有效运行也并不意味着利益相关者与品牌所属公司的品牌共建活动就处于最优状态。通常，有不少品牌共建的参与者由于激励不足仍抱着得过且过的态度，并没有全力地投入品牌共建活动中，从而影响了品牌共建的效果，限制了品牌价值的提升。品牌治理应立足于利益相关者诉求，设计合理的激励方案，充分调动利益相关者的积极性，确保博弈各方能沿着最优的方向合作下去，即保证合作博弈过程的效率。

4.3 品牌共建博弈中品牌治理水平的评价标准

根据对利益相关者参与品牌共建机制的分析，可以将品牌共建过程理解为品牌所属公司与利益相关者间的博弈过程，品牌治理在该过程中肩负着保障博弈活动有序且高效的重任。本研究在分析品牌共建各参与方加入博弈的基础上，通过博弈论方法首先构造了品牌共建的初次博弈模型，在品牌治理思想的指导下对初次模型进行了修正与改进，将品牌治理思想落实到品牌共建的具体活动中。并以品牌博弈中的合作状态为线索，进一步推导了品牌共建过程中的长期合作共建模型，证明了可持续发展潜力在治理品牌共建行为中的积极意义，为后续分析品牌治理效果评价体系及构建衡量指标奠定了基础。

4.3.1 品牌共建博弈形成的基础

品牌所属公司与利益相关者参与品牌共建博弈过程的基础首先是最终的利益分配方案能够满足或超过自身的预期，简单来说就是参与各方能就如何分配利益达成初步共识。为了解释该现象做如下假设。假设 1：品牌所属公司和利益相关者是局中人，双方都是“理性的经济人”，即决策的目标都是利益最大化。假设 2：通过品牌共建最终创造品牌价值为 Π，分配方案系数为 a，表示品牌所属公司回报占总回报的百分比，则公司的实际回报为 $a\Pi$，而其他参与品牌共建的利益相关者获得回报为 $(1-a)\Pi$。假设 3：假设品牌所属公司对该次品牌合作的预期收益为 S_C，利益相关者的预期收益为 S_S。令 $U_1=a\Pi-S_C$，$U_2=(1-a)\Pi-S_S$，则只有 U_1 与 U_2 同时满足大于等于零时，各方才有必要参与进一步的博弈过程，并且 U_1 与 U_2 越大，通常表示该参与方的激励越足，其参与意识也就越明显；当任一方的利益回报小于预期收益时，即 U_1 或 U_2 小于零，该方都会因不满利益分配方案退出合作。可见公司与利益相关者对价值分配方案间分歧的严重程度是能否启动品牌共建博弈的关键。因此，品牌治理在这一阶段的指导思想在于培养品牌共建多元参与方的归属意识。通过归属意识降低公司与利益相关者间的分歧，进而形成统一的意见，为后续博弈过程创造必要条件。同时，促进并实现品牌共建博弈的形成是评价品牌治理水平的首要标准。

4.3.2 初次博弈模型的构建与改进

根据上节分析，虽然公司与利益相关者通过归属感形成了统一认识，都认可了利益分配方案，但出于经济人假设，它们都有利己动机，不会放弃将利益最大化的手段，在信息不对称的情况下，往往会通过不道德行为侵占他人权益。因此在延续前文假设的同时，做出如下新假设。假设 4：博弈局中人因利己动机与信息不对称，可能会以不道德手段侵占合作方的利益。假设 5：利益相关者可以通过不道德手段得到价值提升的量为 S_1，同时为公司招致 S_1 的利益损失，S_1 为大于零的正数。假设 6：品牌所属公司通过不道德手段提升的价值为 S_2，给利益相关者带来 S_2 的利益损失，S_2 为大于零的正数。所以，两方博弈状况如图 4-1。

		品牌所属公司	
		无不道德行为	有不道德行为
利益相关者	无不道德行为	$(a\Pi,\ (1-a)\Pi)$	$(a\Pi+S_2,\ (1-a)\Pi-S_2)$
	有不道德行为	$(a\Pi-S_1,\ (1-a)\Pi+S_1)$	$(a\Pi-S_1+S_2,\ (1-a)\Pi+S_1-S_2)$

图 4-1　初次博弈模型

利益相关者在不存在不道德行为的情况下，公司使用与不使用不道德手段的收益差值为：$a\Pi+S_2-a\Pi=S_2$。利益相关者在存在不道德行为的情况下，公司使用与不使用不道德手段的收益差值为：$a\Pi-S_1+S_2-(a\Pi-S_1)=S_2$。根据假设 6，$S_2$ 为大于零的正数，所以对于品牌所属公司来说，无论利益相关者做出何种选择，公司为了提高自身所得都会选择使用不道德手段。同理，公司在不存在不道德行为的情况下，利益相关者使用与不使用不道德手段的收益差值为：$(1-a)\Pi+S_1-(1-a)\Pi=S_1$。公司在存在不道德行为的情况下，利益相关者使用与不使用不道德手段的收益差值为：$(1-a)\Pi+S_1-S_2-[(1-a)\Pi-S_2]=S_1$。由于 S_1 也为大于零的正数，所以对于利益相关者来说，无论公司如何选择，都倾向于通过不道德手段提高自己所获得价值。根据对初次博弈模型的分析可以发现品牌共建虽然吸引了大量利益相关者参与品牌合作，但其自身却无法调节合作过程中的利益冲突与矛盾，参与者往往为了追求自身利益，采取不道德手段攫取其他参与方的应得利益，该结论与当前现实中缺乏品牌治理的品牌共建实践活动相吻合，证明只有通过品牌治理约束品牌共建过程中各方参与者的行为才能公平、高效地提升品牌价值。

根据对初次博弈模型的分析发现缺乏品牌治理所提倡的监督与约束是事务层面中市场无序、混乱的根源。因此，本研究在初次博弈模型的基础上引入品牌治理思想，加入监督、约束机制，在继承前假设的条件下提出如下新假设。假设 7：品牌所属公司可以通过监督发现其他参与者的不道德行为，监督所需支付成本为 C_1，并可对使用不道德手段的利益相关者做出惩罚 P_1，P_1 用于补偿自己所受损失。假设 8：利益相关者也可以通过监督发现公司的不道德行为，监督所需支付成本为 C_2，并可对使用不道德手段的公司做出惩罚 P_2，P_2 用于补偿自己所受损失。所以，初次博弈的修正模型如图 4-2。

		品牌所属公司	
		无不道德行为	有不道德行为
利益相关者	无不道德行为	$(a\Pi - C_1;\ (1-a)\Pi - C_2)$	$(a\Pi + S_2 - C_1 - P_2;\ (1-a)\Pi - S_2 - C_2 + P_2)$
	有不道德行为	$(a\Pi - S_1 - C_1 + P_1;\ (1-a)\Pi + S_1 - C_2 - P_1)$	$(a\Pi - S_1 + S_2 - C_1 - P_2 + P_1;\ (1-a)\Pi + S_1 - S_2 - C_2 + P_2 - P_1)$

图 4-2　初次博弈的修正模型

根据初次博弈的修正模型，利益相关者在不存在不道德行为的情况下，公司使用与不使用不道德手段的收益差值为：$a\Pi + S_2 - C_1 - P_2 - (a\Pi - C_1) = S_2 - P_2$。利益相关者在存在不道德行为的情况下，公司使用与不使用不道德手段的收益差值为：$a\Pi - S_1 + S_2 - C_1 - P_2 + P_1 - (a\Pi - S_1 - C_1 + P_1) = S_2 - P_2$。当 S_2 大于 P_2 时，所侵占的利益超过处罚成本，所以公司仍存在通过不道德手段侵占他人利益的动机。当 S_2 小于 P_2 时，处罚成本高于所获利益，公司会放弃不道德手段。当 S_2 等于 P_2 时，所侵占的利益与处罚相同，在没有利益提升的情况下，公司不会主动违反规定，通常不会使用不道德手段。同理，公司在不存在不道德行为的情况下，利益相关者使用与不使用不道德手段的收益差值为：$(1-a)\Pi + S_1 - C_2 - P_1 - [(1-a)\Pi - C_2] = S_1 - P_1$。公司在存在不道德行为的情况下，利益相关者使用与不使用不道德手段的收益差值为：(1−a) $\Pi+S_1-S_2-C_2+P_2-P_1-[(1-a)\Pi-S_2-C_2+P_2]=S_1-P_1$。当$S_1$大于$P_1$时，所侵占的利益超过处罚成本，所以利益相关者仍会通过不道德手段侵占他人利益。当S_1小于P_1时，处罚成本高于所获利益，利益相关者放弃不道德手段。当S_1与P_1相等时，所侵占的利益与处罚相同，最终利益不会提升，利益相关者通常没有必要使用不道德手段。

在实践活动中，设定的处罚标准通常高于可能侵占的利益，即P1大于S1，P2大于S2，以期对合作中的不道德行为起到震慑作用。所以在制定较好的监督、约束手段之后，无论是品牌所属公司还是利益相关者都倾向于放弃不道德手段，通过做好自己的本职工作获得应得利益，从而保证了品牌共建活动顺利运行。因此，品牌共建博弈中有无违规行为，即品牌共建合作的健康程度是体现品牌治理水平的重要标准。

4.3.3 品牌共建合作的动态博弈分析

从行为结果上看初次博弈的修正模型通过品牌治理约束了品牌共建中的不道德行为，但是否真正地保证了品牌建设过程中的健康？回到初次博弈的修正模型，虽然在监督与约束作用下，公司与利益相关者都选择了放弃不道德手段的合作方式，但出于提高所得利益的心理，作为博弈的局内人都期望对方首先犯错，从而获得对他人的处罚。这种心态固然增加了品牌共建合作过程中各方参与者的监督意识，但同时也影响了品牌合作的长期性。参与品牌共建的各方在博弈过程中变得吹毛求疵，为获得补偿努力寻找合作伙伴的过失，也许在当次合作中影响不大，但从长远角度，不但不利于合作的持续进行，还可能加剧合作者间矛盾，破坏公司与利益相关者间的关系。Kolk与Pinkse（2006）提出公司在与利益相关者合作之后为恢复管理权利，削减了利益相关者权利，为公司与利益相关者间的关系埋下了隐患①。该论点对品牌合作的博弈过程具有启发意义，通过监督、约束机制虽然限制了参与者的行为，维护了品牌共建过程的健康，但由于缺乏对长期品牌合作的考虑，因此只是

① Kolk A and Pinkse J. Stakeholder mismanagement and corporate social responsibility crises [J]. European Management Journal, 2006, 24 (1): 59-72.

亚健康状态。

为了进一步提高品牌共建过程中合作的健康程度，引入了长期合作动态博弈的视角，通过分析动态博弈过程中各参与方的效用函数，找到品牌共建中的均衡点，实现品牌所属公司与利益相关者间的平衡。品牌共建本来就不是通过一次博弈就可以实现的，而是经过多次动态的博弈，最终达到合作均衡条件，为了简化分析过程，本研究将初次博弈模型作为动态博弈中的任意一次博弈过程的模拟，并且将公司与利益相关者都无不道德行为时，所得利益分别简化为 E_1 与 V_1；公司无不道德行为而利益相关者采用不道德行为时，所得利益为 E_1' 与 V_1'；公司采用不道德手段而利益相关者守信时，所得利益为 E_1'' 与 V_1''；均采用不道德手段时，为 E_1''' 与 V_1'''。假设在品牌共建中，一旦某一参与方通过不道德手段侵占合作伙伴的应得利益并被发现，不仅会被处罚，还因声誉问题被其他参与者所排斥，丧失了继续参与合作的机会。因此，公司与利益相关者只有在该次博弈中都无不道德行为，才能开启第二次合作继续博弈。第二次博弈时，合作双方均无不道德行为时，所得利益为 E_2 与 V_2，公司守信而利益相关者违规则所得利益为 E_2' 与 V_2'，利益相关者守信公司违规，双方所得利益为 E_2'' 与 V_2''，均违规则所得利益为 E_2''' 与 V_2'''，如树状图 4–3。

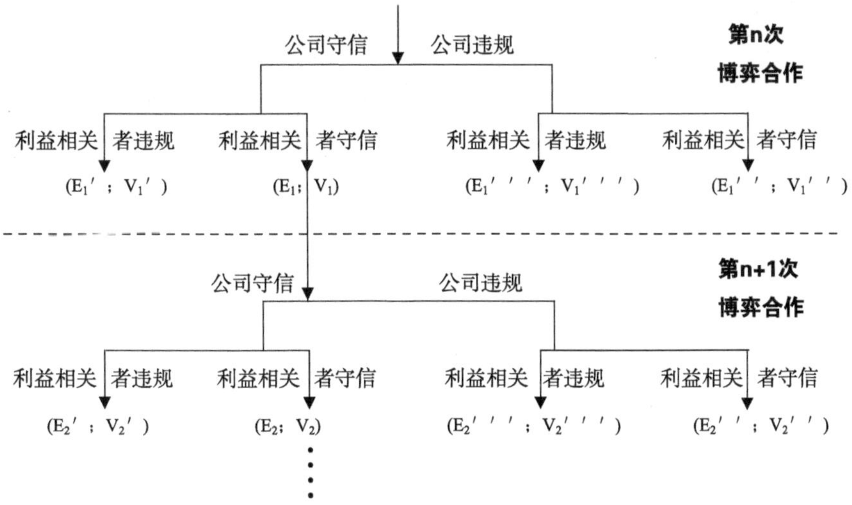

图 4–3　品牌共建动态博弈图

由于动态博弈涉及对未来收益的预期，为深入研究这一问题引入贴现因子。贴现因子表示组织和员工对未来收益的判断，通常取值范围是［0，1］，取值的大小代表着合作者动态导向性的级别，即对未来收益的重视程度。极端情况下，贴现因子为0，合作方在进行当前决策时不会考虑未来利益的影响；贴现因子为1，代表合作者在进行当前决策时认为未来利益与当前利益同等重要，也就是说贴现因子越大，未来收益对合作者进行当前决策的影响力越大（姜林，2002，何新宇，陈宏民，2002，李纯青，徐寅峰，2005，吴鑫育等人，2012）①②③④。设 δ，U_1，U_2 分别表示贴现因子、品牌所属公司的期望收益与利益相关者的期望收益。根据品牌共建动态博弈图，如果公司与利益相关者均不采用不道德手段而保证合作能够长期运行下去，合作次数t为n，公司的期望收益为 $U_1=\sum_{i=1}^{n}\delta_i * E_i$，而利益相关者的期望收益为 $U_2=\sum_{i=1}^{n}\delta_i * V_i$。根据动态合作的期望函数发现，随着合作次数t的增加以及贴现因子 δ 的增大，品牌共建参与各方的期望收益在不断提升。另一方面，由于不道德行为会增加终止继续合作的可能，所以当至少有一方存在不道德行为时，公司与利益相关者的期望收益就是当期合作的收益，不会随着t与 δ 的变化而变化，记为 $U_1'=E_2'$，$U_2'=V_2'$，$U_1''=E_2''$，$U_2''=V_2''$，$U_1'''=E_2'''$，$U_2'''=V_2'''$，四种合作模式中参与各方的效用变化趋势如图4–4。

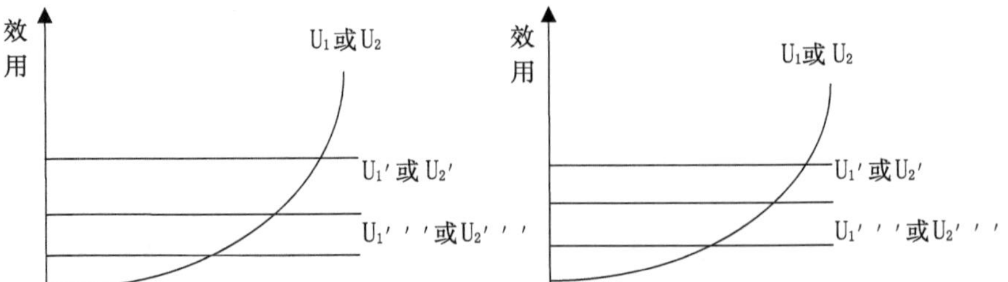

图4–4 动态博弈参与双方效用变化趋势图

① 姜林．贴现因子不同的劳动力市场博弈［J］．成都信息工程学院学报，2002，17（2）：131–133.

② 何新宇，陈宏民．外部性，贴现因子与兼并动机［J］．管理工程学报，2002，16（3）：9–11.

③ 李纯青，徐寅峰．动态消费者选择模型及贴现因子的确定［J］．管理科学学报，2005，8（3）：50–54.

④ 吴鑫育，周海林，马超群，等．基于随机贴现因子方法的权证定价研究［J］．中国管理科学，2012，20（4）：1–7.

根据动态博弈参与双方效用变化趋势图发现，随着贴现因子与合作次数的增加，在均不使用不道德手段的长期合作中，品牌所属公司与利益相关者的最终效用终将超越其他选择的合作模式中所获得效用，从而保障了品牌共建过程的长期稳定。长期品牌共建合作的博弈分析引入动态的多次博弈模型，以长期盈利为导向克服了初次博弈改进模型中存在的弊端，将博弈局中人的利益诉求从惩罚补偿转向了未来得利的可能，大大降低了因找合作伙伴差错而产生的敌对意识，净化了品牌共建过程的合作氛围，提高了品牌所属公司与利益相关者针对品牌合作的效率。在该阶段品牌治理措施的主要作用是培养了多元参与者的长期合作意识，提高品牌共建可持续发展的潜力，通过提升合作次数与构建品牌长期价值观，实现品牌共建的良性合作，从而实现品牌发展从亚健康状态向真正健康状态的转化。因此，提高利益相关者的长期合作意识，并维持品牌共建行为的可持续发展潜力也是体现品牌治理水平的主要标准之一。

4.4 品牌治理融入度指标体系的构建

品牌治理是以利益相关者为基础对品牌化过程的治理，是指导品牌共建沿着高效、公平方向发展的制度安排与规范落实，其融入度体现了各方参与者在品牌合作中尽职尽责的程度。所以，构建品牌治理融入度的衡量指标不仅应可以反映参与品牌共建博弈各方的表现，还应体现品牌治理对品牌共建效率与公平的保障作用。根据品牌治理水平的评价标准，品牌治理在促进利益相关者参与品牌合作、维护品牌合作秩序、推动品牌合作可持续发展三个方面起到了至关重要的作用。根据前文中品牌共建博弈形成的基础、初次博弈改进与动态博弈优化三个步骤，提出归属意识、维权意识以及可持续发展潜力三个因素作为具体测量品牌治理融入度的二级指标。归属意识、维权意识以及可持续发展潜力首先可以反映出利益相关者对品牌治理水平的感知，如品牌治理水平越高，则参与者的归属感越强，维权意识越显著，可持续发展潜力越高；同时也能揭示公司与利益相关者参与品牌治理的意愿，归属感强、维权意识明显的利益相关者更希望融入可持续发展潜力高的品牌治理过程中，为品牌发展贡献力量。简而言之，这三个指标不仅能体现品牌治理的水平，还能反映博弈局内人多大程度上融入了品牌治理。

4.4.1 归属意识

品牌共建中博弈形成条件的分析，发现参与各方能就权、利、责分配方案达成初步共识，形成统一认知是形成品牌共建的基础。在这一环节中，品牌治理的主要任务是根据公司与多元利益相关者的诉求设计合理的分配方案与激励手段，使参与品牌共建的各方形成归属感。因此，归属意识是衡量该阶段品牌治理效果的主要因素。另外，利益相关者加入品牌共建过程中会逐渐产生分化，一部分成员因为个人兴趣、合作经历、时间等问题逐渐弱化与其他合作者间的联系，成为品牌共建的过客，慢慢退出合作过程。另一部分利益相关者则受到品牌治理活动的影响，加强与其他合作伙伴交流与联系，更深入地融入品牌共建与治理的过程中，随着融入的加深，这些利益相关者会产生一种归属于品牌治理活动的感觉。同时，这种归属感又进一步促进品牌合作关系，提升利益相关者在品牌治理中的表现，加深了其融入品牌治理的程度。所以，归属意识也是体现利益相关者是否融入品牌治理过程的重要指标之一。在实践层面，归属意识可以被简单地理解为对品牌治理行为与规范的认同，是开展品牌共建与形成品牌治理的基本条件。只有当利益相关者觉得自己真正属于品牌社群，属于品牌治理系统之后，才会积极地执行其应尽的责任与义务，融入品牌治理过程。

4.4.2 监督与维权意识

根据品牌共建合作模型，在对初次博弈模型的改进过程中，发现品牌共建的各方参与者无法自主调节合作过程，需要引入监督与约束机制，通过品牌治理实现共建合作的有序进行。鉴于此，品牌治理的任务是通过设计合理的监督、约束手段，刺激参与合作各方的监督与维权意识，进而保障品牌共建合作中的公平与效率。监督与维权意识较强的利益相关者会积极监督品牌共建中的不良行为并追究其责任，从而净化了品牌共建的合作氛围，提升品牌治理效果。反之，监督与维权意识较弱者则往往漠视品牌共建中的违规行为将不满埋在心底，无法为品牌治理做出贡献。因此，监督与维权意识是衡量品牌治理效果好坏的重要指标。另外，利益相关者在参与品牌共建的过程中，随着归属意识的增强，逐步培养出品牌合作的责任感，当责任感与品牌治理规范与准则相结合之后，也就形成了监督与维权意识。同时，监督与维权意识通过提高利益相关者在品牌治理中的表现，使利益相关者更深地融入品牌治理过程中，减少了品牌共建中的不良行为，保障了品牌发展的健康程度。所以，监督与维权意识也是体现利益相关者能否真正融入到品牌治理过程中的重要指标。在实践中，监督与维权意识可以被简单地理解为利益相关者对品牌合作中不道德行为的反抗意识与能力。

4.4.3 可持续发展潜力

在分析品牌共建合作模型时发现，无论怎样修正单次博弈，都难以彻底解决合作中各方为获得补偿而产生的敌对意识，即无法克服品牌共建过程中参与者间的对立。在引入长期合作思想的动态博弈模型中发现合作次数与贴现因子对降低合作方之间的矛盾，减少合作冲突与对立具有重要意义。为此品牌治理应注重培养品牌共建参与各方的长期合作意识，从而提高可持续发展的潜力。在品牌共建过程中，公司与利益相关者在品牌共建的过程中对未来愿景做出判断，以品牌未来的发展潜力为基础形成了长期合作的意愿，该意愿通过提倡一种可持续发展的价值取向，减少了参与者对当次合作矛盾的关注并促进了公司与利益相关者多次、持久的合作，为克服当前发展中遇到的困难提供了动力，同时也为利益相关者更深入地融入品牌治理的过程中创造了条件。因此，可持续发展潜力也是体现品牌治理融入度的重要指标。另一方面，可持续发展潜力也可以反映一个品牌发展的健康程度，越健康的品牌其可持续发展的潜力也越高。所以，可持续发展潜力是衡量品牌治理效果的重要指标之一。在实践中，可持续发展潜力可以被简单地理解为在多大程度上，利益相关者愿意与其他参与者继续展开合作，实现品牌共建。

4.5 本章小结

本章在回顾前人文献的基础上，通过借鉴品牌社群理论中的社群融入度首次提出用于衡量品牌治理效果的品牌治理融入度，并将其定义为公司与利益相关者在品牌治理过程中完成自己所承担责任与义务的程度。在对品牌共建机制的分析中，指明品牌治理与品牌共建的区别与联系，并针对品牌共建合作过程中的博弈现象指出品牌治理的作用。以品牌共建中博弈形成与发展的基本条件为线索，构建品牌共建合作模型，通过以统一意识为合作前提，监督惩罚手段为合作保障，动态、长期博弈为合作优化方式，分析品牌治理在品牌共建中的作用。最后在前文研究的基础上，提取出品牌治理融入度的三个指标，分别是归属意识、监督与维权意识与可持续发展潜力。

第 5 章　模型构建与研究设计

本章通过深化品牌治理的双重路线，引入认同意识与合作关系两个变量将利益相关者参与品牌治理的影响因素与品牌治理融入度联系起来，实现了品牌治理从参与开始，历经深化过程最终到品牌治理水平衡量的完整运行路径。在此基础上，设计、构建了品牌治理研究模型从而提出研究假设，并进一步地选择调查对象与设计调查问卷。

5.1 深化品牌治理的双重路线与品牌治理研究模型的构建

品牌治理缺乏外部法律的支持，只能依托于品牌共建中合作行为的发展逐步深化。学术界提出深化路径分两类。第一，以认同感为加强品牌治理的关键。该认同感类不仅包含对品牌本身的认同感（identification with the brand），还涵盖对品牌共建合作集体的认同感（identification with the group）。认同感对参与者的合作心理产生影响，产生喜好、偏向，并依此为基础，加强或减弱利益相关者在品牌治理中的表现，进而影响其品牌治理融入。第二，以合作关系作为深化品牌治理的另一条路径。在利益相关者参与品牌共建后，合作关系作为调节、修饰参与者间合作的重要因素，直接决定了品牌共建与治理的表现，是影响品牌治理融入度的重要因素。Carlson 等人（2008）将品牌社群分为社会品牌社群（social brand communities）和心理品牌社群（psychological brand communities）正是体现了该思想①。鉴于此，本研究以参与品牌治理的影响因素为起点，通过品牌共建中的认同意识与合作关系深化品牌治理，最终通过品牌治理融入度加以衡量，构建品牌治理运行路径，如图 5-1。

---

① Carlson，B.D.，Suter T.A. Brown T.J. Social versus Psychological Brand Community：The Role of Psychological Sense of Brand Community［J］，Journal of Business Researeh，2008，61：284-291

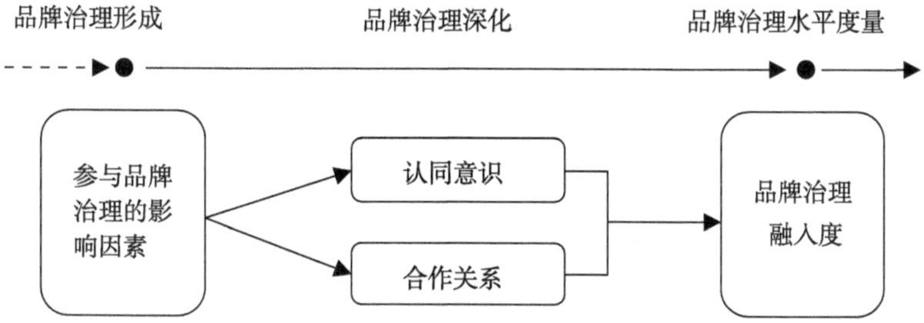

图 5-1　品牌治理运行路径图

5.1.1 基于认同意识的品牌治理深化分析

认同意识不仅在品牌治理研究中具有重要作用，甚至在整个品牌研究领域都极具研究意义。认同感会积极地影响成员的参与合作动机，使他们关心、热爱组织，并将其自身融入组织发展过程中，通过自发、积极的参与合作实现协同。Bhattacharya 等人是第一批在营销领域研究认同意识的学者。他们（1995）将成员对组织的认同感理解为与组织保持一致，可以形成共同愿景的能力，还阐明了认同感对成员活动的影响以及成员与认同意识的关系①。Dholakia 与 Bagozzi（2004）在分析品牌社群时，将认同意识引申为品牌社群中的群体意识，指明群体意识是品牌社群存在与进化的关键因素②。Ind 与 Bjerke（2007）在分析品牌治理特点的基础上，提出了一种由全部利益相关者全员参与的品牌发展模式，还进一步指出员工、顾客、竞争对手等利益相关者的认同意识就是在品牌共建中通过市场内外部渠道使参与成员在不断循环的交流、互动与合作过程内所形成的统一认识，如图 5-2③。前人的研究充分表明认同意识在品牌发展与品牌治理中的巨大贡献。在本研究中，通过延续 Ind 与 Bjerke 的思想，设定利益相关者的认同意识就是在品牌治理不断交流与合作的过程中因各种治理行为与活动所形成的群体意识。

① Bhattacharya C B，Rao H，Glynn M A. Understanding the bond of identification：An investigation of its correlates among art museum members［J］. The Journal of Marketing，1995：46–57.

② Dholakia，U.M.，Bagozzi，R.P.Lisa K.P.，A Social Influence Model of Consumer Participation in Network and Small–Group–Based Virtual Communities［J］，International Journal of Researeh in Marketing.2004，21：241–263.

③ Ind N and Bjerke R. Branding Governance［M］. London：Wiley&Sons，2007：100–105

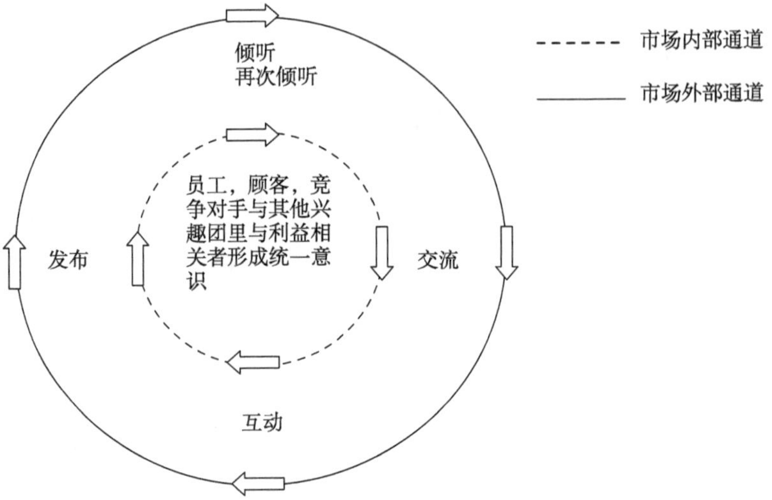

图 5-2　全员参与模式下共同意识形成图

（资料来源：Ind 与 Bjerke，Branding Governance［M］，p102，2005）

究竟如何通过品牌共建中的认同意识深化品牌治理，认同意识又是如何将参与品牌治理的影响因素与品牌融入度联系起来？Bhattacharya 与 Sen（2003）设计了认同意识研究模型，根据模型发现公司通过满足合作参与者的关键自定义需求（key self-definitional needs）培养了参与者的认同意识①。简单来说，认同意识源于对利益相关者诉求的满足。前文设定的品牌治理影响因素正是基于品牌共建过程中利益相关者诉求所提取出的关键因素，体现了利益相关者参与合作的基本要求。因此，参与品牌治理的影响因素正是形成认同意识的关键，公司对参与影响因素满足得越好，就越容易形成认同意识且该意识越显著。另一方面，认同意识可以深化品牌治理发展，最终影响品牌治理的效果与融入度。Hatch 与 Schultz（2009）提出利益相关者将各自的理想、要求融入品牌发展中从而形成了较强的认同感，基于这种认同感他们积极加入品牌共建的过程，以长期合作为指导思想，融入品牌管理与控制的各个环节，实现对品牌发展的治理②。也就是说认同感推动了利益相关者间的合作并

① Bhattacharya C B, Sen S. Consumer-company identification: a framework for understanding consumers' relationships with companies［J］. Journal of marketing, 2003: 76-88.

② Hatch M. Schultz M. Of bricks and brands. From corporate to enterprise branding［J］. Organizational Dynamics, 2009, 38（2）: 117 - 130.

提高了合作过程中的协同与融入，减少了合作中不道德行为，同时也为形成品牌治理的长期合作与归属意识奠定了基础。因此，认同意识既是深化品牌治理的关键，也是沟通品牌治理参与影响因素与品牌融入度的桥梁。

5.1.2 基于合作关系的品牌治理深化分析

合作关系一直以来是市场营销研究的重点之一，早在 1985 年，Jackson 就提出了关系营销（Relationship Marketing）的概念，并指出通过客户关系管理（Customer Relationship Management，CRM）维持公司与顾客的联系①。后续学者逐步将关系管理引入品牌发展过程中，最终形成了品牌研究的一个重要领域——品牌关系管理（Brand Relationship Management，BRM）。然而，品牌共建与治理中所涉及的合作关系与传统品牌关系管理中定义的关系并不同，由于利益相关者代替顾客成为创造品牌价值的最主要动力，所以合作关系不仅包括公司与顾客的二元关系，还包括有全部利益相关者所形成的关系网络。其次，利益相关者拥有资源与传播渠道是影响品牌共建与治理重要因素，所以合作关系不仅包括基于市场建立的交易关系；还涉及了代表利益相关者拥有社会资本的社会关系，如利益相关者社交圈、工作性质等。正是基于利益相关者间社会关系网络的连续性，合作关系研究不再仅仅针对不连续的市场关系网络，而是要分析一个更复杂的连续关系网络（王彦勇，苏奕婷，2013）②。

利益相关者参与是形成品牌治理合作关系的基础与必要条件，所以品牌治理中研究的参与影响因素反映了利益相关者的基本诉求，是合作关系的起源。当参与因素被满足时，合作关系形成且通常满足度越高，合作关系越融洽。Duncan 与 Moriarty（1997）最早探索公司与利益相关者合作关系对实现品牌价值提升的影响，该研究发现稳定的合作关系是持续创造品牌价值的基础③。也就是说，合作关系的好坏会影响到品牌共建的稳定性，只有良好的合

① Jackson B B. Winning and keeping industrial customers: The dynamics of customer relationships [M]. Lexington, MA: Lexington Books, 1985.

② 王彦勇 苏奕婷 . 集团公司品牌管控模式研究——基于品牌治理与决策权配置模型的分析 [J]. 东岳论丛，2013 (9), 171-175

③ Duncan T R, Moriarty S E. Driving brand value: Using integrated marketing to manage profitable stakeholder relationships [M]. New York: McGraw-Hill, 1997.

作关系才能带来长期合作，是影响品牌治理融入度中可持续发展潜力的重要因素，也是指导品牌治理的重要依据。Jones（2005）通过构造利益相关者品牌价值模型指明基于合作关系的利益相关者互动是实现品牌价值的重要手段①。良好的合作关系不仅提高了合作效率，而且加深并增进了利益相关者间的交流与情感，为形成利益相关者针对品牌的归属意识奠定了基础。反之，如果合作关系不融洽，不仅会产生合作中不必要的矛盾，还破坏了合作各方间的感情，弱化了利益相关者间的关系。最后，Sen 等人（2006）从利益相关者本身角色角度考虑了社会责任，提出利益相关者合作关系是对参与品牌共建各方不道德行为的约束，从而体现了合作关系对品牌融入度中监督与维权意识的影响②。综上所述，合作关系起源于利益相关者参与，随着合作关系的加深不仅实现了品牌共建，还能增加品牌治理融入度。

5.1.3 构建品牌治理研究模型

在引入品牌治理深化途径的基础上，本文研究了品牌治理参与因素是如何影响品牌共建中的认同意识与合作关系，以及该影响又是如何作用于品牌治理融入的。即以深化品牌治理的两个关键要素将六个品牌治理参与因素与测量品牌治理融入程度的三个二级指标串联起来，构建研究品牌治理从形成到深化再到观测的整体模型。

通过对前人研究成果的继承与发展，本研究提取出利益相关者参与品牌治理的六类关键影响因素，分别是劳动成本、宣传能力、活动乐趣、品牌情感、交流环境与物质激励。然后构建了品牌治理水平的评价体系——品牌治理融入度，并推导出融入度的二级指标，分别是归属意识、监督与维权意识以及可持续发展潜力。通过对深化品牌治理过程的分析，提出以认同意识与合作关系两个要素将六类影响因素与融入度的二级指标联系起来，以品牌治理形成——品牌治理深化——品牌治理效果评估为线索构建了品牌治理研究

---

① Jones R. Finding sources of brand value: Developing a stakeholder model of brand equity [J]. The Journal of Brand Management, 2005, 13 (1): 10–32.

② Sen S, Bhattacharya C B, Korschun D. The role of corporate social responsibility in strengthening multiple stakeholder relationships: a field experiment [J]. Journal of the Academy of Marketing science, 2006, 34 (2): 158–166.

模型，该模型揭示了品牌治理形成、深化的过程，并最终对治理水平进行评估。如图 5-3。

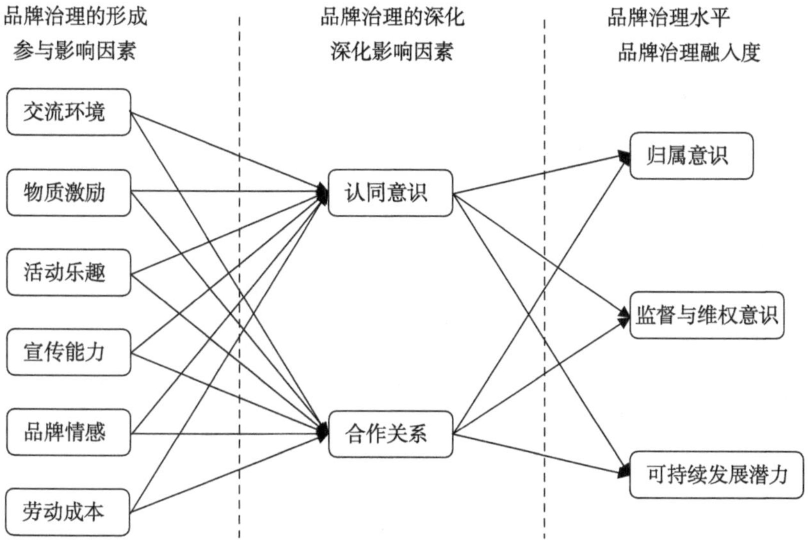

图 5-3　品牌治理研究模型

5.2 研究变量操作性定义与衡量及假设的提出

为了在品牌治理模型的基础上继续研究品牌治理过程中各种关系，首先要在可操作的条件下，界定模型涉及的变量。同时，根据模型逻辑提出研究假设。本节分品牌治理参与影响因素、品牌治理深化影响因素与品牌治理融入度三个批次，对 11 个变量做出操作性解释并根据前人研究成果设计调查问卷的衡量题项，并且量表皆以李克特 7 分量表（7-Point likert Scale）来衡量，其中 1 表示非常不同意，7 表示非常同意，数字越大，表示同意的程度越高。

5.2.1 参与品牌治理影响因素的操作性界定与衡量

参与品牌治理的影响因素是影响利益相关者参与品牌治理活动的关键因素，对探索品牌治理形成与发展具有重要的研究意义，同时也是提升利益相关者在品牌治理过程中的认同意识与改善合作关系的重要条件。本文通过柯布－道格拉斯生产函数与心理契约理论构建了利益相关者参与模型，推导出利益相关者参与品牌治理活动的心理预期函数。并根据心理预期函数，找到影响利益相关者参与品牌治理的六个关键因素，分别是交流环境因素、物质激励因素、活动乐趣因素、宣传能力因素、品牌情感因素与劳动成本因素。

（1）交流环境（Communicative Environment）

根据第三章中交流环境因素的提取过程，其主要来源于心理预期函数中公司对外部交流平台与沟通渠道的投资。而对于参与品牌治理的利益相关者，由于信息不对称，他们很难获得公司具体的投资信息，即使获得该信息他们往往关注的也并非公司用于交流环境建设费用的数目，而是关注该投资到底给自己的交流带来多少效果。鉴于此，用资金数目去衡量交流环境明显是不合适的，投资于交流环境的主要职能是提升品牌治理过程中，参与各方的连通性。因此，以利益相关者在品牌治理过程中交流信息、分享经验的便捷度衡量交流环境的好坏无疑是一种更明智的选择。

Ha 与 James（1998）将这种连通性定义为参与者与其关注事项相关的讨论室、聊天室、新闻组等通过超链接连接在一起的感受程度①。然而由于该研究年代较早，没有考虑到新兴交流工具对实现连通性的作用。Schmallegger 与 Carson（2008）提出从信息交流的角度验证了博客对旅游业品牌的重要影响②。他们的研究从一定程度上反映了互联网时代下，外部交流环境对利益相关者间信息连通性的推动作用以及对品牌发展的积极意义。因此，本文将交流环境因素定义为公司为了方便公司与利益相关者或利益相关者间的联系与互动所建设交流平台等设施构成的合作外部环境。而品牌治理过程中利益相关者间的连通性是对交流环境因素最好的反映。本研究在以 Lee（2010）量表③为主的情况下，吸收了 Dholakia 等人（2004）的研究量表④，根据品牌治理研究本身的特点与性质加以改进，以线上、线下各种交流平台与沟通渠道实现的

① Ha L, James E L. Interactivity reexamined: A baseline analysis of early business web sites [J]. Journal of Broadcasting & Electronic Media, 1998, 42 (4): 457–474.

② Schmallegger D, Carson D. Blogs in tourism: Changing approaches to information exchange [J]. Journal of vacation marketing, 2008, 14 (2): 99–110.

③ Lee J E, Han H R, Song H, et al. Correlates of self-care behaviors for managing hypertension among Korean Americans: A questionnaire survey [J]. International journal of nursing studies, 2010, 47 (4): 411–417.

④ Dholakia U M, Bagozzi R P, Pearo L K. A social influence model of consumer participation in network-and small-group-based virtual communities [J]. International journal of research in marketing, 2004, 21 (3): 241–263.

公司与利益相关者之间以及利益相关者之间共享信息、经验的程度作为衡量交流环境的主要因素，调查问卷中的具体题目如表 5–1。

表 5–1　交流环境因素测量项目

变量	测量指标	量表文献来源
交流环境 Communicative Environment（CE）	CE1. 合作成员间容易交流信息，并交换意见。	Lee 等人（2010） Dholakia 等人（2004）
	CE2. 能够跟其他成员分享彼此经验。	
	CE3. 能够将对品牌的意见与建议反馈给该公司。	
	CE4. 对参加品牌活动时的交流环境感到满意。	

（2）物质激励（Material Incentive）

物质激励因素是利益相关者参与品牌治理的直接原因之一。与交流环境因素类似，物质激励因素也是构建在参与品牌治理的利益相关者感知之上，相比于公司投资多少钱用于物质激励，他们通常更关心自身能得到多少。一般来说，不同的利益相关者在品牌治理中获得物质激励的形式并不相同。以品牌社群为例，普通社群成员往往只获得了优惠机会或简单的小礼品，而一些精英成员却能得到不菲的奖金回报。而同样作为品牌治理参与者的合作伙伴在与品牌所属公司进行品牌共建时经常可以得到大量的物质回报。所以，仅使用公司的投资额往往无法体现出利益相关者在品牌治理中对物质激励因素的感知，也就无从调查该因素对利益相关者参与的影响程度。本研究中以参与品牌治理的利益相关者种类为基础，针对种类的不同，考虑其所感兴趣的物质激励形式，以 Kucherov 与 Zavyalova（2012）在员工品牌中的物质激励研究为基础①，吸取了刘勇（2009）关于功能价值的量表②，进一步融合王海忠（2009）在品牌杠杆研究中不同的合作形式③，开发出适应于品牌治理多种激励形式的问卷，如表 5–2 所示。

① Kucherov D，Zavyalova E. HRD practices and talent management in the companies with the employer brand［J］. European Journal of Training and Development，2012，36（1）：86–104.

② 刘勇 . 品牌社群融入的测量 – 影响因素及其对品牌忠诚的影响研究［D］. 浙江大学，2009.

③ 王海忠 . 品牌杠杆：赢得品牌领导的资源整合战略［M］. 人民邮电出版社，2009

表 5-2　物质激励因素测量项目

变量	测量指标	量表文献来源
物质激励	MI1. 参与品牌活动，使我得到更多优惠机会。	Kucherov 与 Zavyalova（2012），刘勇（2009），王海忠（2009）
	MI2. 您在品牌活动中的努力有明显的物质回报。	
	MI3. 品牌所属公司对我参与品牌活动提供物质激励，如合作金、奖金等。	

（3）活动乐趣（Funs of Activities）

活动乐趣因素体现利益相关者在加入品牌共建过程中针对品牌活动本身所获得的满足感，该因素是促使利益相关者加入品牌治理的重要原因之一。在品牌治理过程中，人的自然属性决定了利益相关者通过交流、合作在品牌活动中寻找享乐价值（Madupu，2006）①。特别是针对奉献型利益相关者，如品牌粉丝与品牌社群核心成员等，活动乐趣甚至是参与品牌共建并承担品牌治理责任的首要原因（Howe，2011）②。品牌所属公司通常在设计品牌活动时要考虑活动的趣味性，以增加活动中利益相关者在心理上所获得的放松与愉悦感，从而培养他们的参与意识，促使其加入品牌共建与品牌治理的过程。根据研究活动乐趣的类型可以被细分为逃避现实的空想、分散注意的放松、美感、享受、情绪释放、消遣与娱乐等多种（Quinn，2005③，Wang，2004④）。然而，品牌共建与品牌治理活动多种多样，难以针对每种活动测量其产生的活动乐趣。因此，本研究根据利益相关者获得满足感的主要类型及效果对活动乐趣因素进行划分。在吸取 Agarwal 与 Karahana（2000）⑤ 与李智娜（2010）⑥ 品牌活动娱乐性量表的基础上，设计活动乐趣因素调查项目，如表 5-3。

① Madupu V. Online brand community participation: Antecedents and consequences [M] . ProQuest, 2006.

② Howe, J. Crowdsourcing: Why the Power of the Crowd is Driving the Future of Business [M] . New York: Crown Publishing Group, 2008

③ Quinn M. and Devasagayam R. Building brand community among ethnic diaspora in the USA: Strategic implications for marketers [J] .Journal of Brand Management, 2005 13: 101-114.

④ Wang Y, Fesenmaier D R. Towards understanding members' general participation in and active contribution to an online travel community [J] . Tourism Management, 2004, 25 (6): 709-722.

⑤ Agarwal R, Karahanna E. Time flies when you're having fun: cognitive absorption and beliefs about information technology usage [J] . MIS quarterly, 2000, 24 (4): 665-694.

⑥ 李智娜 . 在线品牌社群中互动性对品牌忠诚度的影响研究 [D] . 复旦大学, 2011.

表 5-3　活动乐趣因素测量项目

变量	测量指标	量表文献来源
活动乐趣	FA1. 有关品牌的一些活动很有趣。	Agarwal 与 Karahana（2000），李智娜（2010）
	FA2. 有关品牌的一些活动总让我觉得很快乐。	
	FA3. 通过参加品牌活动，我使我的心情变得好起来。	

（4）宣传能力（Ability for Propagation）

宣传能力因素源于第三章心理预期分析中利益相关者的工作效率及效果。在品牌共建与治理过程中，利益相关者通过社会关系网络传递品牌信息、经验与感受促进了品牌价值的提升。因此，利益相关者在品牌共建与治理过程中的工作效率及效果其实就是该利益相关者所掌握的可用于传播品牌的资源，如信息发布渠道、交流线路等。简单来说，宣传能力在品牌治理过程中可被简单地理解为对品牌发展的影响力，该影响力不仅是品牌所属公司选择合作伙伴的重要条件，同时也是利益相关者与公司进行博弈、谈判的重要依据，关系到品牌治理的实现效果。因此，本研究不仅考虑了宣传能力中宣传的效果，即利益相关者能够在多大程度影响他人的思想；同时也考虑了宣传的效率，即利益相关者能够将信息传递给多少人。值得注意的是考虑到品牌治理的特性，社会公众也承担对品牌的社会舆论监督责任，所以宣传能力涉及的信息传递不仅包括传递给品牌治理中的合作伙伴，同时也包括社会大众。在吸收 McMillan 与 Chavis（1986）思想的基础上①，根据Dholakia等（2004）②与李智娜（2010）③的量表以及品牌治理的特征做出改进，形成宣传能力因素测量项目，如表 5-4。

表 5-4　宣传能力因素测量项目

变量	测量指标	量表文献来源
宣传能力	AP1. 通过我的行为可严重影响他人对该品牌的印象。	McMillan 与 Chavis（1986） Dholakia 等（2004） 李智娜（2010）
	AP2. 我经常有机会将该品牌推广给很多品牌合作伙伴之外的人。	
	AP3. 我的意见能获得大量人的响应。	

① McMillan D W，Chavis D M. Sense of community：A definition and theory［J］. Journal of community psychology，1986，14（1）：6–23.

② Dholakia U M，Bagozzi R P，Pearo L K. A social influence model of consumer participation in network–and small–group–based virtual communities［J］. International journal of research in marketing，2004，21（3）：241–263.

③ 李智娜 . 在线品牌社群中互动性对品牌忠诚度的影响研究［D］. 复旦大学，2011.

（5）品牌情感（Emotional Branding）

在品牌治理中，品牌情感是通过品牌独有的意蕴在感觉与情绪上对利益相关者的影响与触动，是以品牌为线索建立紧密合作关系的基础，也是维系品牌共建顺利运行的纽带。在前文提取品牌情感因素时，主要考虑的是品牌情感对利益相关者追求物质利益的抑制作用，然而，品牌忠诚同样可以对物质利益追求产生抑制作用，甚至效果更明显。但是产生抑制作用却未必形成了品牌忠诚，Gobe（2010）提出品牌情感建设是对品牌最重要的投资，情感的互动远比金钱更能打动消费者[①]。因此，相比于品牌忠诚，品牌情感形成条件更低，甚至品牌情感本身就可以作为产生品牌忠诚的条件，为了研究的准确性，本研究采用了品牌情感因素。延续 Gobe 的思路，品牌情感的建立首先来自对品牌的认知与理解，从而建立品牌熟悉度（Brand Familiarity）；然后通过交流与互动，产生品牌体验（Brand Experience）；最终根据品牌个性与合作者自身性格的修饰，形成品牌情感。因此，本研究以品牌情感产生的过程为线索，以品牌熟悉度、品牌经验以及品牌个性效果，构建品牌情感因素测量题项，如表 5-5。

表 5-5　品牌情感因素测量题项

变量	测量指标	量表文献来源
品牌情感	EB1. 与其他人相比，我对该品牌的了解比较深。	Gobe（2010）
	EB2. 我认为自己对该品牌非常有经验。	
	EB3. 该品牌的形象跟我很多方面有类似之处。	

（6）劳动成本（Labor Cost）

劳动成本因素是指利益相关者在品牌治理中因提供劳动而付出的成本。然而，品牌共建与品牌治理过程往往是建立在自愿合作的基础上。因此，当前学者更侧重于利益相关者兴趣与合作方式的研究，仅有较少的研究关注了自愿条件下利益相关者付出的劳动成本。其实 Kotler（2000）在提出顾客让渡价值时就已经对顾客支付的成本做出了说明，他认为顾客让渡价值（Customer Delivered Value）是指顾客总价值（Total Customer Value）与顾客总成本（Total

① Gobe M. Emotional Branding, Revised Edition: The New Paradigm for Connecting Brands to People［M］. Random House Digital, Inc., 2010.

Customer Cost）之间的差额。而顾客总成本则包括了货币成本、时间成本、体力成本与精力成本等成本[①]。周志民（2005）在对品牌社群形成机理模型分析的过程中发现利益相关者在参与品牌社群时需要支付财务成本、时间成本、约束成本、精神成本四类成本[②]。将该思想引入品牌治理的研究，由于利益相关者是以自愿意识为基础参与合作，且合作的过程中通常只是付出劳动，并不涉及购买环节，所以取消对货币成本、财务成本与约束成本的考虑，加之品牌治理中劳动所需体力很少，仅以时间与精力作为衡量利益相关者付出劳动的主要标准。本研究在吸取 Kotler 与周志民研究成果的基础上，以利益相关者对品牌活动中的时间与精力为线索，构建劳动成本因素的测量题项，如表 5-6。

表 5-6　劳动成本因素测量题项

变量	测量指标	量表文献来源
劳动成本	LC1. 参加品牌活动所花费的时间有时让我有不舒服的感觉。	Kotler（2000），周志民（2005）
	LC2. 参加品牌活动所花费的精力有时让我有不舒服的感觉。	

5.2.2 品牌治理深化影响因素的操作性界定、衡量与假设

根据品牌治理深化的两条路径，将品牌共建的认同意识与品牌治理合作关系作为深化品牌治理的影响因素，分别对其操作性的定义做出解释以及根据前人成果与本文研究设计衡量这两种因素的题项，并进一步提出研究假设。

（1）认同意识（Consciousness of Identity）

在本研究中认同意识被定义为利益相关者在品牌共建不断交流与合作的过程中因各种合作行为与活动所形成的群体意识。简单来说认同意识就是与组织保持一致，可以形成共同愿景的能力。Bhattacharya 与 Sen（2003）通过对顾客与公司认同感的研究提出，认同感可以使顾客觉得自己成为品牌合作的局内人而非旁观者，也就有效地推动顾客与公司间的交流与合作，并促使

① Kotler P. Marketing management：The millennium edition［M］. Upper Saddle River，NJ：Prentice-Hall，2000.

② 周志民 . 基于品牌社群的消费价值研究［J］. 中国工业经济，2005，（2）：103-109.

顾客形成共同期望——“品牌合作沿着健康的方向发展”①。将该观点带入到品牌治理过程中，认同意识会激发利益相关者的积极性与主动性，使他们关心、热爱品牌共建的合作，进一步将其自身融入品牌发展过程中，通过建立健康的长期愿景落实品牌治理思想。因此，对认同意识因素的测量就是对利益相关者主动性与积极性的测量。Bagozzi 与 Dholakia（2006）提出以“我们”还是“他们”区分合作意图，体现利益相关者从初步认知到情感升华再到社会认同的步骤②。本研究在 Bagozzi 与 Dholakia 研究成果的基础上，以共同愿景产生的集体意识、参与活动的积极性以及对治理行为的认同感作为衡量因素，构建认同意识因素的测量题项，如表 5–7。

表 5–7　认同意识因素测量题项

变量	测量指标	量表文献来源
认同意识	CI1. 假如品牌合作计划某事，我认为是：我们要做，而非他们要做。	Bagozzi 与 Dholakia（2006）
	CI2. 我会主动关心各种信息，并参与品牌活动。	
	CI3. 我认同品牌合作中的行为。	

在品牌治理过程中，利益相关者的认同意识受到多种因素的影响。Madhavaram 等人（2005）以整合营销传播（Integrated marketing communication，IMC）与品牌认同意识为线索，探索了品牌发展战略与品牌价值的实现过程③。该研究提出交流与沟通是形成认同意识最基础也是最重要的条件之一。与传统品牌管理模式相比，品牌治理更注重公司和利益相关者间的交流沟通。这种交流与沟通不仅是形成参与者共同愿景的基础，更是消除利益相关者间分歧，解决合作冲突矛盾的重要调节机制。也就是说，良好的交流与沟通促进了品牌治理参与者间的有效协商，降低了合作分歧，使参与各方能够将自身的梦想、愿望等融合在一起形成共同愿景。从这个角度分析，作为体现交

① Bhattacharya C B，Sen S. Consumer–company identification：a framework for understanding consumers' relationships with companies［J］. Journal of marketing，2003：76–88.

② Bagozzi R P，Dholakia U M. Antecedents and purchase consequences of customer participation in small group brand communities［J］. International Journal of Research in Marketing，2006，23（1）：45–61.

③ Madhavaram S，Badrinarayanan V，McDonald R E. Integrated marketing communication（IMC）and brand identity as critical components of brand equity strategy：A conceptual framework and research propositions［J］. Journal of Advertising，2005，34（4）：69–80.

流、沟通渠道完善水平的交流环境因素也应对品牌治理过程中认同意识的形成具有促进作用，并且交流环境越好，认同意识就越高。因此提出假设 1-1。

假设 1-1：交流环境因素对品牌治理中的认同意识具有正向影响。

Fuller（2010）则从品牌共建行为本身为参与者提供的愉悦体验与品牌情感两个角度分析利益相关者形成认同意识的原因，并指出利益相关者的个性会调节认同意识的形成过程[①]。在品牌治理过程中，许多利益相关者由于活动乐趣被吸引入治理的过程，而这一过程又受到品牌情感因素的正向调节。也就是说，利益相关者在品牌治理过程中，活动乐趣与品牌情感可以显著地影响到参与者所获得的精神价值。参与者获得的精神价值越多对品牌治理的过程越满意，进而形成认同感。相反，当利益相关者对品牌情感不深或活动无法产生乐趣时，参与者通常对品牌治理的过程出现不满，进而降低了对品牌治理的认同感。所以，品牌情感因素与活动乐趣因素也应对认同意识的形成与深化具有促进作用，提出如下假设：

假设 1-2：品牌情感因素对品牌治理中的认同意识具有正向影响。

假设 1-3：活动乐趣因素对品牌治理中的认同意识具有正向影响。

物质激励与劳动成本作为让渡价值理论的重要构成因素同样对合作中的认同意识产生影响。根据周志民（2005）的研究，价值体验与成本体验的差值会正向影响利益相关者参与满意度与认同意识[②]。也就是说，价值体验应正向影响认同意识而体验成本会负向影响认同意识。所以在品牌治理过程中，物质激励在刺激利益相关者参与意识的同时，也使利益相关者在参与品牌治理过程中的付出得到了回报，进而提升了参与者对品牌治理的满意程度，为形成认同意识奠定了基础。也就是说，物质激励作为价值体验的重要组成部分应该对在品牌治理过程中形成利益相关者认同意识具有促进作用；另一方面，属于体验成本的劳动成本则反映了参与者在品牌治理过程中的劳动强度，通常劳动强度越高越容易使利益相关者不满，进而降低认同感，反之劳动强度越低则越容易使参与者保持在满意状态，为形成认同意识奠定基础，即劳

① Fuller J. Virtual co-creation of new products and its impact on consumers' product and brand relationships [C]. In Academy of Management Annual Meeting Proceedings, Montreal, 2010.

② 周志民 . 基于品牌社群的消费价值研究 [J]. 中国工业经济，2005，(2)：103-109.

动强度应反向影响利益相关者在品牌治理中的认同意识。因此，提出假设如下：

假设 1-4：物质激励因素对品牌治理中的认同意识具有正向影响。

假设 1-5：劳动成本因素对品牌治理中的认同意识具有负向影响。

宣传能力作为品牌共建的核心资源受到品牌拥有公司的关注与重视，往往随着利益相关者宣传能力的提升，公司会乐于与其开展更多与更深入的合作（王海忠，2009）[1]。即宣传能力通常会影响利益相关者在品牌治理过程中的合作深度与合作层次。然而随着宣传能力的提升，基于资源依赖理论，利益相关者在合作中的影响力与地位也会提高。根据 Gregory（2007）的研究，影响力会提升利益相关者在合作中的诉求，从而降低其满意度，进而影响到认同感[2]。宣传能力的提升会提高利益相关者在品牌治理过程中的利益需求，如地位、金钱等，增加了合作难度，简单来说宣传能力越强的利益相关者越挑剔，较难在品牌治理过程中得到满足，从而无法形成认同意识；反之，宣传能力较弱的利益相关者容易满足并在品牌治理中形成认同意识。所以提出假设如下。

假设 1-6：宣传能力因素对品牌治理中的认同意识具有负向影响。

（2）合作关系（Partnership）

合作关系可以被简单地理解为在品牌治理过程中，利益相关者通过合作与品牌所属公司其他利益相关者建立起的关系。良好的合作关系会减少利益相关者间合作时的摩擦与冲突，削弱对立情绪，从而维护了品牌共建的顺利运行，实现了品牌治理的目标。严浩仁（2005）将合作关系的核心定义为信任并指出信任是维持公司与顾客合作的重要条件，缺乏合理的信任，合作关系也不能长久[3]。刘勇（2009）进一步拓展了信任的深度与广度，提出在品牌共建中，信任关系不仅指公司与其他合作者间的信任，还包括其他合作者之间的信任，并以信任程度作为测量合作关系的标准[4]。然而，品牌共建中合作

① 王海忠．品牌杠杆：赢得品牌领导的资源整合战略［M］．人民邮电出版社，2009.

② Gregory A. Involving Stakeholders in Developing Corporate Brands：the Communication Dimension［J］. Journal of marketing management，2007，23（1-2）：59-73.

③ 严浩仁．试论顾客忠诚的影响因素与理论模型［J］．商业经济与管理，2005，4：61-65.

④ 刘勇．品牌社群融入的测量－影响因素及其对品牌忠诚的影响研究［D］．浙江大学，2009.

关系要复杂得多，除了信任感意外，参与成员的相似性与相互间的理解程度都是影响合作关系的重要因素。比如，权益型利益相关者通常来自不同的利益团体，即使他们互相信任，在品牌共建过程中为了各自利益追求难免产生矛盾，如果参与各方能够相互理解，建立一种理解的关系，则会大大提高品牌共建与治理的效率。本研究在吸收严浩仁与刘勇合作关系量表的基础上，以品牌共建与治理特点为依据，加入相似性与理解程度构建合作关系因素的测量题项，如表 5-8。

表 5-8　合作关系因素测量题项

变量	测量指标	量表文献来源
合作关系	P1. 觉得自己跟品牌合作伙伴有相似之处。	严浩仁（2005） 刘勇（2009）
	P2. 品牌合作伙伴比较理解我。	
	P3. 我认为品牌合作伙伴是值得信赖的。	

在品牌治理过程中，合作关系同样受到多种因素的影响。Swaminathan 等人（2007）发现，个人与集体层面上的联通会影响品牌合作关系[①]。合作关系本身就是建立在利益相关者相互沟通与联系的基础上，沟通与联系的次数越多、层次越深，越容易消除合作分歧，从而构建良好的合作关系；反之，如不能实现良好的沟通与联系，品牌治理的参与各方无法相互了解，也就容易出现猜疑，影响了相互信任的程度，进而削弱了合作关系。也就是说多元的联系与沟通方式是优化品牌关系的重要手段。交流环境因素作为实现品牌治理中品牌所属公司与利益相关者间以及利益相关者之间交流、沟通的重要保障因素，也应对优化品牌共建过程中合作关系具有促进作用，因此，提出如下假设：

假设 2-1：交流环境因素对品牌治理中的合作关系具有正向影响。

大量学者都验证了品牌情感是形成合作关系的基础（Aggarwal 2004，Gobe 2010 等）。Gregory（2007）以品牌情感作为区分利益相关者的重要指标，并提出针对不同的利益相关者类型设计不同的合作方式，公司应注重满足高

① Swaminathan V，Page K L，Gürhan - Canli Z. “My” Brand or “Our” Brand：The Effects of Brand Relationship Dimensions and Self - Construal on Brand Evaluations [J]. Journal of Consumer Research，2007，34（2）：248–259.

品牌情感利益相关者的诉求以构建良好的合作关系，从而实现该利益相关者与公司的紧密合作[①]。也就是说，品牌情感是构建良好合作关系的黏合剂，当利益相关者对品牌情感较深时，通常较容易对其他品牌治理的参与者产生信任，进而促进良好合作关系的形成；反之，如利益相关者对品牌情感较弱，通常以尝试的态度加入品牌治理，对其他参与者抱有一定的戒心，不利于良好合作关系的形成。因此，针对品牌情感与合作关系提出假设如下：

假设 2-2：品牌情感因素对品牌治理中的合作关系具有正向影响。

刘勇（2009）证明了娱乐价值对品牌社群融入度产生正向影响，并通过社群精神、同类意识、社群责任感修正了参与者在品牌社群中的表现[②]。该研究中娱乐价值的本质就是利益相关者在品牌活动中获得的精神满足感，与品牌治理研究中的活动乐趣类似。而品牌社群融入度表示了利益相关者在品牌社群中合作的参与程度。因此，在品牌治理中，活动乐趣应当也可以促进利益相关者的参与程度，随着合作次数的增加与合作层次的加深，参与间的交流互动增加，从而促进了合作关系的改善。Howe（2008）更是比较了物质激励与活动乐趣在品牌共建中的作用，虽然它们都能促进利益相关者开展合作，但通常，活动乐趣对品牌合作，特别是合作关系的影响甚至优于物质激励[③]，所以做如下假设：

假设 2-3：活动乐趣因素对品牌治理中的合作关系具有正向影响。

假设 2-4：物质激励因素对品牌治理中的合作关系具有正向影响。

在品牌共建与品牌治理过程中，利益相关者付出得越多，越容易产生不满心理。所以大多理论提倡公司作为品牌治理过程中的引导者，需要使参与各方的劳动强度保持在一个合适的状态，以防止合作关系的破裂。当公司压榨品牌治理参与者劳动时，参与者对公司、品牌以及品牌治理过程的满意度会迅速降低，与公司的合作关系也变得岌岌可危。也就是说品牌治理过程中，利益相关者的劳动成本与满意程度负相关。Woisetschlager（2008）提出满意

---

① Gregory A. Involving Stakeholders in Developing Corporate Brands：the Communication Dimension [J] . Journal of marketing management，2007，23（1–2）：59–73.

② 刘勇 . 品牌社群融入的测量 _ 影响因素及其对品牌忠诚的影响研究 [D] . 浙江大学，2009.

③ Howe，J. Crowdsourcing：Why the Power of the Crowd is Driving the Future of Business [M] . New York：Crown Publishing Group，2008

程度是保持利益相关者间合作关系的基础，也是实现品牌共建创造品牌价值的必要条件[①]。因此针对劳动成本与合作关系提出如下假设：

假设 2-5：劳动成本因素对品牌治理中的合作关系具有负向影响。

Jurgens 等人（2010）指出根据市场营销分析工具找到品牌共建的关键利益相关者，通过满足这些利益相关者的需求，将其纳入品牌共建过程对提升品牌价值具有重要的作用[②]。该研究中，以市场营销分析工具找到的关键利益相关者其实就是宣传能力强的利益相关者。也就是说宣传能力是品牌所属公司最关注的要素。所以，通常品牌所属公司会根据参与者的宣传能力设立差别化的合作方针，宣传能力越强，该类参与者的需求越优先被满足，从而优化了合作关系，即宣传能力是影响合作设置与构成的重要依据，宣传能力越强的利益相关者的要求越容易被公司满足，进而形成良好的合作关系。因此，针对宣传能力和合作关系做出如下假设：

假设 2-6：宣传能力因素对品牌治理中的合作关系具有正向影响。

5.2.3 品牌治理融入度的操作性界定、衡量与假设

根据第四章对品牌共建过程与品牌治理水平的分析，以归属意识、监督与维权意识以及可持续发展潜力表现品牌治理融入度，分别对三种因素做出可操作的界定以及根据前人成果与本文研究设计衡量这三种因素的题项，并进一步提出研究假设。

（1）归属意识（Sense of Belonging）

归属意识也是体现利益相关者是否融入品牌治理过程的重要指标之一。只有当利益相关者觉得自己真正属于品牌治理活动之后，才会积极地执行其应尽的责任与义务，融入品牌治理过程。首先，归属感会调节利益相关者在品牌治理中的行为，使他们产生“家”的感觉，从而变得更主动、积极，愿意解决问题并帮助其他的参与伙伴。Muniz 等人（2001）进一步指出归属意识正是形成品牌社群的基础，也就是说归属意识会使得一部分参与品牌治理

① Woisetschlager D, et al. How to Make Brand Communities Work: Antecedents and Consequences of Consumer's Participation [J]. Journal of Relationship Marketing, 2008, 7 (3): 237–256.

② Jurgens M, Berthon P, Papania L, et al. Stakeholder theory and practice in Europe and North America: The key to success lies in a marketing approach [J]. Industrial Marketing Management, 2010, 39 (5): 769–775.

的成员紧密结合起来，最终形成一个关系更为密切的社群类组织。该组织不但促进了成员的合作，随着认同意识的加深，还会在组织内部形成敌对性品牌忠诚。敌对性品牌忠诚是在经历了持续的认同意识以后能够产生的一种社会状态，合作成员间通过分享对竞争品牌的感受进行共同的反对①。简单来说，敌对性品牌忠诚是利益相关者通过反对喜爱品牌的竞争品牌所表达出的忠诚。Decker（2004）验证了归属意识可以明显提高合作者的敌对性品牌忠诚②。因此，本研究中以帮助伙伴，形成社群与产生敌对性品牌忠诚为线索，通过吸收 Muniz 与 O'Guinn 的思想与严浩仁（2005）的量表③，设计品牌治理过程中，归属意识因素的测量题项，如表 5-9。

表 5-9　归属意识因素测量题项

变量	测量指标	量表文献来源
归属意识	SB1. 当发现问题，会积极向品牌公司反映并提供帮助。	Muniz 与 OGuinn（2001） 严浩仁（2005）
	SB2. 我觉得自己归属于这个品牌共建过程。	
	SB3. 当人们贬低这个品牌社群时，我感觉像在贬低我。	

Carlson 等人（2008）以品牌社群中的品牌合作为研究对象，分析了心理感受在不同品牌社群发展中的作用，揭示了归属意识的形成过程，认为认同意识是归属意识的初级阶段，随着认同意识的增强归属意识会被提升④，即认同意识对归属意识具有正向的影响作用。Veloutsou 与 Moutinho（2009）在通过品牌声誉与品牌族群（brand tribalism）构建品牌合作关系时，提到随着关系网络修正与优化参与者间的合作越发的亲密无间，为形成归属意识奠定了基础⑤，即良好的合作关系对归属意识具有正向影响作用。Punjaisri 等人（2009）更是在构建员工品牌时提出员工在合作中的关系、态度反映了其对公

① Muniz, A. M., Jr., Albert, M., and O'Guinn, T. C., Brand Community [J]. The Journal of Consumer Research, 2001, 27 (4): 412 - 432.

② Decker O. S. Corporate Social Responsibility and Structural Change in Financial Services. Managerial Auditing Journal, 2004, 19 (6): 712 - 728.

③ 严浩仁. 试论顾客忠诚的影响因素与理论模型 [J]. 商业经济与管理, 2005, 4: 61-65.

④ Carlson B D, Suter T A, Brown T J. Social versus psychological brand community: The role of psychological sense of brand community [J]. Journal of Business Research, 2008, 61 (4): 284-291.

⑤ Veloutsou C, Moutinho L. Brand relationships through brand reputation and brand tribalism [J]. Journal of Business Research, 2009, 62 (3): 314-322.

司与品牌的归属意识①。该研究中所提的态度实质上反映了员工的认同感，也就是说，归属意识来自认同意识的提升与合作关系的改进，即认同意识与合作关系都与归属意识正相关。因此，在品牌治理研究中提出如下假设：

假设 3–1：品牌治理中利益相关者的认同意识越高，其归属意识越高。

假设 3–2：品牌治理中利益相关者间合作关系越好，则归属意识越高。

（2）监督与维权意识（Awareness of Supervision and Rights）

监督与维权意识因素实际揭示了利益相关者在品牌治理过程中对品牌合作内不道德行为的反抗意识与能力。Zwass（2010）提出了内外部监督，特别是社会舆论监督对共建合作过程的影响，证明了监督与维权意识对提升共建行为长期价值的作用②。Hatch 与 Schultz（2010）将品牌治理的思想引入品牌共建的过程中，首次提出品牌拥有公司信息透明度用以揭示利益相关者在品牌治理过程中的监督能力③。该研究的思路是随着公司提升对信息的透明度，参与品牌共建的利益相关者就越容易对合作行为进行监督，进而降低合作参与各方的不道德行为。然而值得注意的是，仅有监督意识仍不足以完善品牌治理过程。监督只是落实品牌治理的第一步，还要考虑利益相关者在发现合作中的不良行为时会不会制止该行为，或有没有渠道向有关管理部门反映问题。因此，本研究中以监督行为、制止不良现象与反映问题的能力构建了监督与维权意识因素的测量题项，如表 5–10。

表 5–10　监督与维权意识因素的测量题项

变量	测量指标	量表文献来源
监督与维权意识	ASR1. 我有义务去监督品牌合作中的不良行为。	Hatch 与 Schultz（2010）
	ASR2. 我应当去制止品牌合作中不好的事情发生。	
	ASR3. 我有责任向品牌公司反映出现的问题与隐患。	

Muniz 等人（2001）在分析顾客行为时发现，认同意识与良好的合作关系

① Punjaisri K，Evanschitzky H，Wilson A. Internal branding：an enabler of employees' brand-supporting behaviours［J］. Journal of Service Management，2009，20（2）：209–226.

② Zwass V. Co-creation：Toward a taxonomy and an integrated research perspective［J］. International Journal of Electronic Commerce，2010，15（1）：11–48.

③ Hatch M J，Schultz M. Toward a theory of brand co-creation with implications for brand governance［J］. Journal of Brand Management，2010，17（8）：590–604.

都是形成品牌社群并产生社群责任感的重要因素①。前文分析中说明责任感是监督与维权意识的源泉，当品牌合作中的责任感与品牌治理的具体规范、准则相结合之后，就形成了监督与维权意识。也就是说，利益相关者对品牌治理与品牌共建过程的认同，促使其对治理过程产生了责任感；另一方面，良好的合作关系同样可以使参与品牌治理的利益相关者产生集体意识并进一步促进责任感的产生，而品牌治理参与者的责任感与品牌治理规范制度结合之后就形成了监督与维权意识。因此，针对认同意识、合作关系以及监督与维权意识三者关系做出如下假设。

假设 4-1：品牌治理中利益相关者的认同意识越强，其监督与维权意识越强。

假设 4-2：品牌治理中利益相关者间合作关系越好，则监督与维权意识越高。

（3）可持续发展潜力（Potentials for Sustainable Development）

可持续发展潜力代表了品牌治理的生命力与稳定性，反映了利益相关者愿意与其他品牌治理的参与者继续展开合作的程度。在品牌治理过程中，可持续发展潜力高往往意味着合作伙伴较易形成一个团结的集体，进而产生合力并实现利益相关者间协同，通过公司与利益相关者合作的良好氛围，保障了品牌共建效率，实现了品牌治理目标。所以，可持续发展潜力是评价品牌治理效果的重要指标。Prahalad 与 Ramaswamy（2004）指出共建参与者对其他参与伙伴的感观是影响其是否继续展开合作的重要因素之一②。也就是说对合作伙伴的满意程度是影响可持续发展潜力的重要因素之一。严浩仁（2005）进一步发现信任是建立长久合作关系的基础。而利益相关者在品牌治理过程中的信任首先来自对其他合作参与者的基本认同，即其他利益相关者不会伤害我的利益。其次，对其他利益相关者的情感进一步提升了基本信任并在信任达到一定程度时产生了团队或集体意识。因此，本研究在吸收前人的研究成果的基础上，考虑品牌治理合作的特点，以品牌治理活动的生命力为线索，

① Muniz, A. M., Jr., Albert, M., and O'Guinn, T. C., Brand Community [J]. The Journal of Consumer Research, 2001, 27 (4): 412 - 432

② Prahalad C K, Ramaswamy V. Co-creation experiences: The next practice in value creation [J]. Journal of interactive marketing, 2004, 18 (3): 5-14.

构建可持续发展潜力的测量题项，如表 5-11。

表 5-11　可持续发展潜力测量题项

变量	测量指标	量表文献来源
可持续发展潜力	PSD1. 比起其他人，我现在的合作伙伴更不会损害我的利益。	Prahalad 与 Ramaswamy（2004）严浩仁（2005）
	PSD2. 比起其他人，我更喜欢与现在的品牌合作伙伴合作。	
	PSD3. 我与品牌合作伙伴形成了一个团结的集体。	

Prahalad 与 Ramaswamy（2004）提出共建的参与者对共建活动的认同与对其他合作伙伴的认同都是影响品牌治理可持续发展潜力的重要条件[①]。认同意识会大大提高合作参与者的满意程度，进而提升合作的兴趣，从而保证了未来合作的可能性。另外，良好的合作关系也对可持续发展潜力产生促进作用。Payne 等人（2009）以合作关系为研究焦点，通过落实顾客体验建立良好合作关系，吸引顾客参与品牌价值共建的过程，从而实现以品牌长期价值为目标的品牌合作过程[②]。也就是说，合作关系的好坏对形成可持续发展潜力具有重要影响。综上所述，在品牌治理过程中，做出如下假设：

假设 5-1：品牌治理中利益相关者的认同意识越强，其可持续发展潜力越大。

假设 5-2：品牌治理中利益相关者间合作关系越好，其可持续发展潜力越大。

所有研究假设路径关系如图 5-4。

---

① Prahalad C K，Ramaswamy V. Co-creation experiences：The next practice in value creation［J］. Journal of interactive marketing，2004，18（3）：5-14.

② Payne A，Storbacka K，Frow P，et al. Co-creating brands：diagnosing and designing the relationship experience［J］. Journal of Business Research，2009，62（3）：379-389.

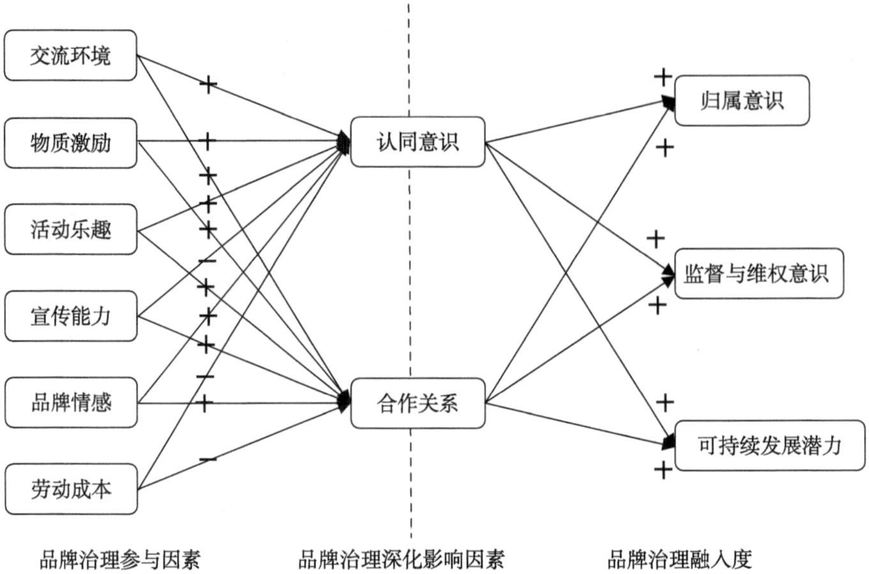

图 5-4　研究路径与关系图

5.3 调查对象选择与调查问卷修正

基于前文整理的 11 个变量测量题项初步形成调查问卷，在分析本研究调查对象构成的基础上，与其展开访谈，以期对调查问卷题项做出校正。

调查对象的选取

本文的研究重点在于对品牌治理过程中多元利益相关者的参与、表现以及融入度进行分析。因此，研究对象应尽可能地包括各类参与品牌治理的利益相关者。根据前文对参与品牌治理的利益相关者分类，除备用型利益相关者群体因影响力与品牌情感较低，对品牌治理发展作用有限以外，其余三种利益相关者群体——奉献型、权益型与伙伴型利益相关者均在研究之列。根据这三种利益相关者类型的界定，以车友会成员与苹果网络论坛成员为奉献型利益相关者的代表，这两类成员往往对品牌情感较高而影响能力有限，可以体现奉献型利益相关者的特点。以与车友会联系紧密的汽车保养公司、交通广播台以及广告公司等作为伙伴型利益相关者的代表进行调查，这些调查对象作为与品牌紧密相连的上下游公司，通常对品牌情感较深，并且有一定影响品牌发展的能力，是体现伙伴型利益相关者特点的典型代表。最后，以报社媒体以及经信委下属中小企业局为权益型利益相关者代表，他们虽然通常并不太关注某一个公司或品牌，也缺乏对品牌的情感，但因为较强的公信力却对品牌发展具有巨大的影响，体现了权益型利益相关者最本质的特点。综上所述，本研究的调查对象包括了车友会成员、苹果论坛成员、汽车保养公司、交通广播台、广告公司、大众日报以及中小企业局等多个单位或成员。

访谈校正

在前文 11 个变量测量题项的基础上，结合现实情况设计针对调查对象的访谈提纲与关键词，见表 5-12。以奥迪车友会成员 8 人、奥迪 4S 店工作人员 5 人与某软文广告组工作人员 5 人为访谈对象，分别代表了奉献型、伙伴型与权益型三类利益相关者。采用了半开放的访谈方式，通过询问被访者在品牌治理过程中的感受为主体，以参与、深化与融入为线索，尽可能地保证被访者可以畅所欲言，当被访者发言结束且对关键词谈论较少时，进行简单引导提出关键词，继续讨论。最终形成本研究的调查问卷（问卷内容参见附录）。

表 5-12　访谈提纲与关键词

访谈提纲	访谈关键词
品牌治理参与	参与原因、交流、物质、情感、乐趣、疲劳、能力
↓	
品牌治理深化	认同感、主动、合作关系、信赖、理解、相似
↓	
品牌治理融入	归属感、监督、维权、责任、可持续发展、集体

5.4 本章小结

本章首先根据深化品牌治理的双重路线，分析认同意识与合作关系在深化品牌治理中的作用，以此为基础构建品牌治理从参与到深化并通过品牌治理融入度衡量品牌治理效果的模型。研究模型中共涉及的 11 个变量，分别是交流环境因素、物质激励因素、活动乐趣因素、宣传能力因素、品牌情感因素、劳动成本因素、认同意识因素、合作关系因素、归属意识因素、监督与维权意识因素以及可持续发展潜力因素。在吸取前人研究成果与对品牌治理分析的条件下，为 11 个变量设计操作性界定与衡量题项，并提出研究假设。最后，根据研究内容与需求选择调查对象，通过对调查对象小规模的访谈进一步修正与优化 11 个变量的测量题项，形成调查问卷。

第 6 章　实证分析与结果

本章实证分析共分三个步骤，首先以预调查的形式回收前测问卷，通过小样本量的 CITC 与 Cronbach's α 系数，删除垃圾题项，使用因子分析简单分析小样本的信度与效度以及题项间的关系，为进一步纯化调查问卷奠定基础。第二步，使用纯化后的调查问卷收集信息，获得本研究最终样本，根据样本统计检验了前文提出的品牌治理研究模型，检验过程分为样本的描述性统计、模型评估、信度分析检验、效度分析检验以及品牌治理研究模型结果关系检验五个环节，验证了部分研究假设。第三步，根据调查对象所属不同利益相关者群体对最终样本进行分类，通过多组比较进一步分析与验证理论模型与研究假设，从而区分不同利益相关者类型的参与者在品牌治理过程中的区别。

6.1 预调查

预调查共发放问卷 220 份，回收问卷 189 份，其中 27 份由于部分题目空缺或题项答案单一被判定为无效，最终形成了 162 份有效调查问卷，有效回收率 73.6%。样本涵盖了车友会成员问卷 56 份，对应奉献型利益相关者；品牌拥有公司的合作伙伴问卷 55 份，对应伙伴型利益相关者；社会舆论监督责任的承担主体问卷 51 份，对应权益型利益相关者。调查对象中回答问卷的女性 73 人，占总样本的 45%，男性占 55%；年龄范围涵盖 18 到 55 岁之间。

参与品牌治理影响因素的纯化处理与因子分析

为了进一步提炼研究中所涉及变量的测量题项，需要对前测问卷进行纯化处理，即删除问卷中的垃圾测量条款。本文根据项目总体相关系数（CITC）纯化调查问卷，从而降低变量的多维度性，然后根据 Cronbach's α 系数对测量题项的信度进行分析，作为删除垃圾题项的依据。根据刘怀伟（2003）的研究，通过 CITC 与 Cronbach's α 净化调查问卷的条件有三点，首先必须保持某一变量全部测量题项的总 α 系数高于 0.7，即保证问卷信度达到最低标准。其次，观测 CITC 值，当该值小于 0.5，则可尝试删除该测量题项。最后，计算删除测量题项前后的 α 系数，如删除后 α 系数得到提升，则可确定删除该题项①。根据测量题项的筛选条件，本文对交流环境因素、物质激励因素、活动乐趣因素、宣传能力因素、品牌情感因素、劳动成本因素、认同意识因素、合作关系因素、归属意识因素、监督与维权意识因素以及可持续发展潜力因素 11 个变量的测量题项进行纯化处理，根据对预调查数据分析结果（数据结果见附录），最终保留 32 个问卷题项，即研究共涉及 11 个变量与 32 个测量题项，用以探索品牌治理形成、深化以及评估的过程，并通过探索性因子分析发现本文构建的品牌治理研究体系初步通过了信度和效度检验，可以作为进一步研究的依据。

6.2 研究数据的描述性统计与分析

预调查后进行了大规模的问卷调查，问卷发放地点包括济南、莱芜、苏州、南京四个城市。调查对象都位于经济发达省份是因为通常经济发达地区往往更容易接受新兴的管理理念，而品牌治理作为刚刚起步的品牌化发展模式只有在较为发达地区才能形成。共发放纸质问卷 600 份，回收 488 份，回收率 81.3%。与 93 份来自互联网上苹果手机论坛的问卷一起，最终收集有效问卷 581 份。

调查样本的基本信息

回收问卷中，苹果论坛 93 份，济南 BBA 车友会 47 份，苏州奔驰利星行俱乐部 51 份，共 191 份作为奉献型利益相关者问卷；报社 95 份，山东中小企业局、济南中小企业局与莱芜中小企业局 86 份，其中由于报社中的软文广告组更贴近于伙伴型利益相关者，所以扣除 23 份软文广告成员问卷，共形成权益型利益相关者问卷 158 份；山东电广文化传媒有限公司 39 份，济南之星奔驰 4S 店、奥迪 4S 店、银座汽车城 97 份，江苏安雅企业服务有限公司 44 份，苹果体验店 29 份，与 23 份软文广告组问卷共形成 232 份伙伴型利益相关者

① 刘怀伟 . 商务市场中顾客关系的持续机制研究［D］. 浙江大学，2003.

问卷。调查对象涉及奉献型、权益型与伙伴型三类利益相关者。通过对研究最终样本中人口统计变量发现，男女比例基本持平，男性（301 份）略高于女性（280 份），占总比例的 51.8%。参与品牌治理的成员年龄主要集中在 18 到 45 岁之间，占总调查人数的 91.2%。45 岁以上的参与者较少，说明品牌治理作为一种新兴品牌化发展模式，对年轻人的吸引力往往要高于年长者。并且，参与者的学历程度以大专与本科居多，占总人数的 60.2%，收入分布则较平均，具体信息见表 6–1。

表 6–1　调查样本基本信息的描述性统计

	类别	样本量	百分比
性别	男	301	51.8%
	女	280	48.2%
学历	高中或高中以下	16	2.7%
	大专或本科	350	60.2%
	硕士	197	34.0%
	博士及博士以上	18	3.1%
年龄	18 岁以下	0	0%
	18 岁到 25 岁	168	28.9%
	26 岁到 35 岁	209	36.0%
	36 岁到 45 岁	153	26.3%
	46 岁到 55 岁	42	7.3%
	55 岁以上	9	1.5%
月收入	2000 元以下	67	11.5%
	2000 元到 4999 元	323	55.6%
	5000 元到 9999 元	112	19.3%
	9999 元以上	79	13.6%
奉献型利益相关者	苹果论坛	93	16.0%
	BBA 车友会	47	8.1%
	利星行俱乐部	51	8.8%
	总共	191	32.9%

续表

	类别	样本量	百分比
权益型利益相关者	大众日报（无软文广告组）	72	12.4%
	中小企业局（山东、济南、莱芜）	86	14.8%
	总共	158	27.2%
伙伴型利益相关者	软文广告组	23	4.0%
	安雅	44	7.6%
	电广文化传媒	39	6.7%
	4S 店（奔驰、奥迪、银座）	97	16.7%
	体验店	29	5.0%
	总共	232	39.9%

问卷题项的描述性统计分析

研究提出 6 个影响品牌治理参与的因子，分别是交流环境、物质激励、活动乐趣、宣传能力、品牌情感与劳动成本；并提出 2 个深化品牌治理因子，分别是认同意识与合作关系；同时，还提出 3 个品牌治理融入度因子，分别是归属意识、监督与维权意识以及可持续发展潜力。通过采用 Likert7 点量表，按照同一程度对 11 个因子打分，极不同意分值最低（1 分）而非常同意分值最高（7 分）。研究中各因子描述性统计如表 6–2 所示。

表 6–2　研究中各因子测量题项的描述性统计

描述统计量

变量	测量题项	均值	均值标准误	标准差	总体均值
交流环境（CE）	CE1	5.17	.058	1.394	5.16
	CE2	5.24	.057	1.384	
	CE4	5.06	.057	1.368	
物质激励（MI）	MI1	4.35	.068	1.639	3.97
	MI2	3.78	.069	1.670	
	MI3	3.77	.072	1.729	
活动乐趣（FA）	FA1	5.02	.060	1.438	4.96
	FA2	4.91	.060	1.444	
	FA3	4.96	.059	1.421	

续表

变量	测量题项	均值	均值标准误	标准差	总体均值
宣传能力（AP）	AP1	4.61	.066	1.600	4.47
	AP2	4.41	.068	1.629	
	AP3	4.35	.068	1.637	
品牌情感（EB）	EB1	4.79	.063	1.530	4.63
	EB2	4.63	.063	1.507	
	EB3	4.46	.062	1.497	
劳动成本（LC）	LC1	3.03	.054	1.312	3.03
	LC2	3.02	.053	1.280	
认同意识（CI）	CI1	4.60	.059	1.414	4.80
	CI2	4.94	.057	1.363	
	CI3	4.86	.054	1.310	
合作关系（P）	P1	4.98	.052	1.263	4.91
	P2	4.87	.052	1.264	
	P3	4.89	.051	1.240	
归属意识（SB）	SB1	4.80	.057	1.367	4.65
	SB2	4.77	.056	1.339	
	SB3	4.38	.061	1.480	
监督与维权意识	ASR1	4.51	.062	1.506	4.44
（ASR）	ASR2	4.32	.065	1.578	
	ASR3	4.48	.063	1.509	
可持续发展潜力	PSD1	4.83	.058	1.392	4.76
（PSD）	PSD2	4.88	.059	1.431	
	PSD3	4.57	.062	1.497	

根据表提供的信息，可以初步分析品牌治理研究中各变量及测量题项的基本信息。具体来说，品牌治理涉及的各种因素在本研究中呈现的特征如下：

（1）在利益相关者参与品牌治理的 6 个影响因素中，参与者对交流环境与活动乐趣两个因素的感知较强，按照均值统计，分别达到 5.16 与 4.96。该情况表示在品牌治理过程中，利益相关者对合作的交流环境的连通性与舒适性有较高需求。在实践层面，构建良好的交流环境不仅有利于利益相关者接受别人发布的品牌信息，同时也影响到该参与者对自己品牌经验或观点的传播与表达。另外，品牌活动的乐趣也是促进利益相关者参与品牌治理的重要原因之一，特别是针对奉献型利益相关者，该类参与者往往希望通过品牌合作中的各种活动寻求愉悦体验，舒缓现实中的压力。这一现象恰恰解释了为什么参与者对物质激励的感知较低，只有 3.97。另外，由于品牌治理通常是建立在自愿合作的基础上，退出机制较为简单，所以当参与者感到过度劳累时，往往会选择退出，因此参与者对劳动成本的感知也较低，仅有 3.03。

（2）在品牌治理深化的两个因素中，认同意识得分略低于合作关系，分别为 4.80 与 4.91。通过对认同意识涉及的三个题项进行分析，发现参与者较易认同品牌治理中的行为（CI3 4.86）并主动参与到治理过程中（CI2 4.94），却较难将自己视为品牌治理的一分子并形成集体意识（CI3 4.60）。该情况反映了利益相关者在参与品牌治理活动中，往往是为“做”而“做”，并没有真正融入品牌治理的过程中。而合作关系所涉及的三个题项得分较为平均，P1、P2、P3 得分分别是 4.98、4.87、4.89，基本体现参与者对合作关系中同类感、理解以及信任三种认识的感知。

（3）在品牌治理融入度的因素测量中发现，监督与维权意识的总体均值（4.44）要明显低于归属意识（SB 4.65）与可持续发展潜力（4.76）的总体均值。该现象表明，利益相关者在参与品牌治理过程中，通常难以维护自己的权益，可能会存在权益被侵占的问题。另外，可持续发展潜力为最高的测量问项总体均值，不得不引发质疑，在缺乏监督与维权意识以及归属意识支撑的条件下，品牌共建中的发展真的能沿着健康的方向发展么?

6.3 模型评估

6.3.1 对潜在自变量——参与品牌治理影响因素的评估

潜在自变量构念包括交流环境（CE）、物质激励（MI）、活动乐趣（FA）、宣传能力（AP）、品牌情感（EB）与劳动成本（LC）6 个因素，共涉及 17 个调查问卷中的题项。通过观测模型发现 Chi-square 等于 200.6，Df 等于 104，所以 Chi-square/Df 等于 1.93，满足小于 3 的标准，RMR 等于 0.045，小于最优标准 0.5，GFI = 0.905，NFI = 0.947，TLI = 0.942 与 CFI = 0.956 都大于标准 0.9，且 CFI 大于 0.95，RMSEA 等于 0.042，小于要求的 0.06，另外在标准化路径情况下，模型中没有出现绝对值大于 1 的相关系数，因此，通过对潜在自变量的评估发现模型符合研究要求，具体如图 6-1。

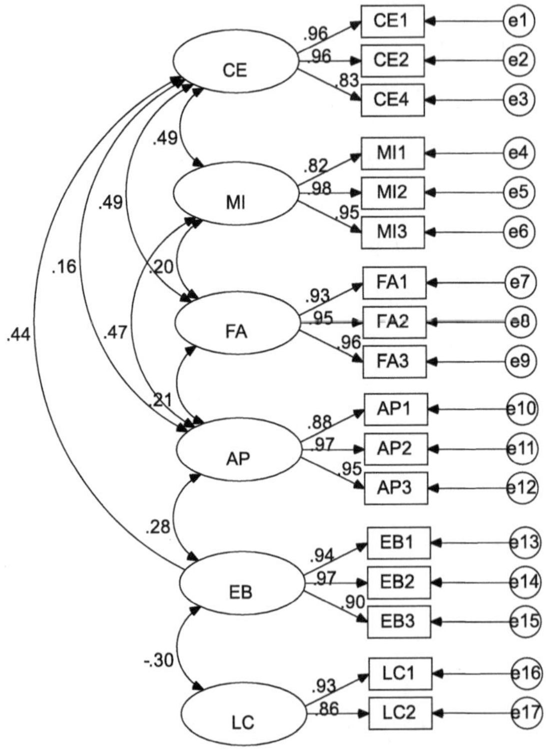

图 6-1　参与品牌治理影响因素的模型评估

6.3.2 对潜在因变量——品牌治理深化因素与融入度的评估

对潜在构念中因变量的模型评估如下图 6-2。

根据图 6-2 可以发现，潜在因变量构念主要包括深化品牌治理的影响因素与品牌治理融入度因素。深化品牌治理的影响因素又进一步分为认同意识（CI）与合作关系（P），而品牌治理融入度包含了三个构念，分别是归属意识（SB）、监督与约束意识（ASR）以及可持续发展潜力（PSD）。经测量发现，由因变量形成的潜在构念模型中，Chi-square 等于 237.8，Df 等于 80，所以 Chi-square/Df 等于 2.97，满足小于 3 的要求，RMR 等于 0.065，小于标准 1，GFI 等于 0.903，NFI 等于 0.911，TLI 等于 0.902 与 CFI 等于 0.918 都大于标准 0.9，RMSEA 等于 0.053，小于要求的 0.06，且在标准化路径情况下，没有相关系数的绝对值大于 1，因此，通过对由因变量形成潜在构念的评估发现模型符合研究要求。

6.3.3 对整体模型的评估

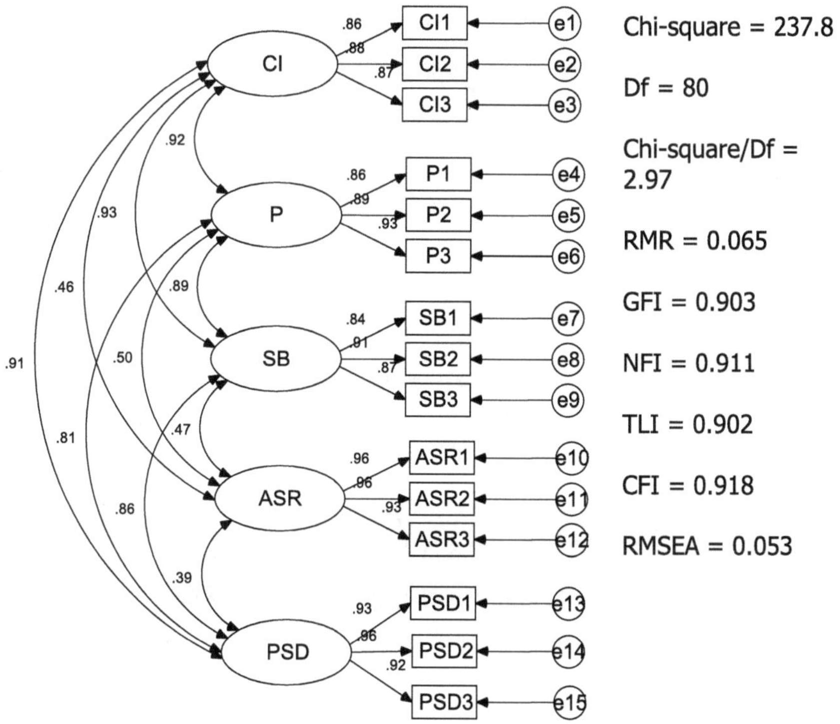

图 6-2　品牌治理深化因素与融入度的模型评估

评估

将研究涉及的 11 个潜在构念置入模型中，其结果如下图 6-3。

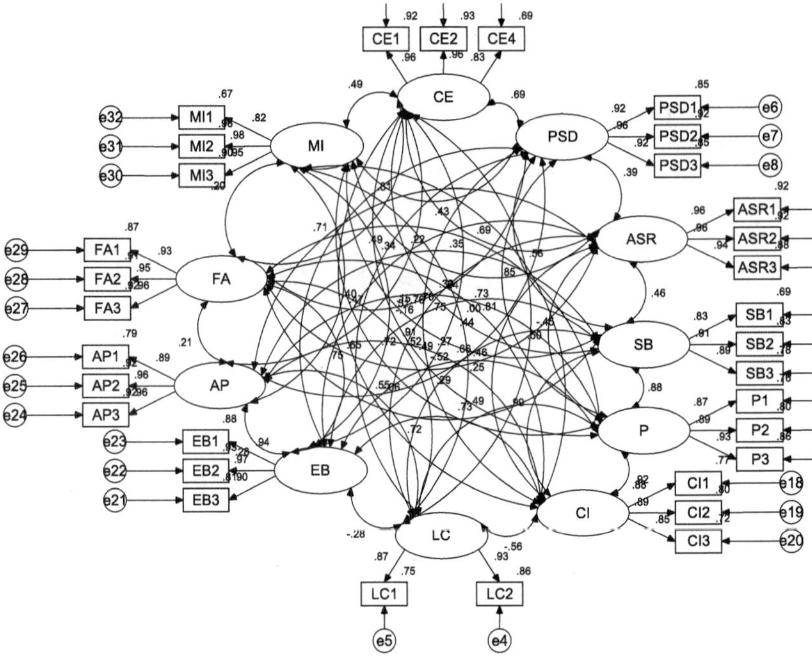

图 6-3　整体模型初步评估图

经测量发现，Chi-square 等于 848.0，Df 等于 409，所以 Chi-square/Df 等于 2.07，满足小于 3 的要求，RMR 等于 0.085，小于标准 1。但是，GFI 等于 0.856，NFI 等于 0.884，TLI 等于 0.885 与 CFI 等于 0.897，虽然都近似于标准 0.9，但都没有达到标准，且 RMSEA 等于 0.067，大于要求的 0.06，因此需要对模型做进一步的调整。Amos 软件提供修正指标，修正指标通过降低卡方值提高整体模型的适配度。然而吴明隆（2009）建议研究者不应仅根据修正指标调整模型，因为修正后的模型往往改变了研究初衷并违背了 SEM 的假设，所以应慎重①。然而值得注意的是 Amos 软件假定所有观测变量的误差项间均没有关系，但实际情况中却难以实现，特别是对本文中新开发的量表，难以对不可测的因素进行精密的考虑与验证，观测变量误差项间的共变关系总是存在的。因此，基于 Amos 修正指标中误差项间的关系，找到对卡方影响超过 5 以上的误差项组，修正模型，得到结果如下图 6-4。

① 吴明隆 . 结构方程模型：AMOS 实务进阶［M］. 重庆大学出版社，2013.

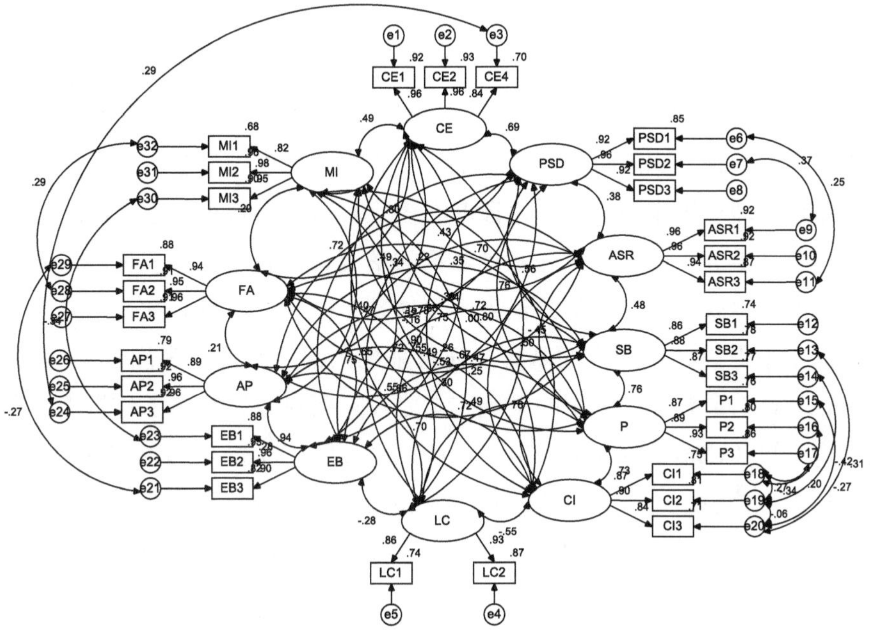

图 6–4　整体模型修正评估图

经测量发现，Chi–square 降低为 765.3，由于增列误差项间关系，Df 减少为 396，所以 Chi–square/Df 等于 1.93，满足小于 2 的最优标准，RMR 等于 0.082，小于标准 1。GFI 等于 0.896，NFI 等于 0.903，TLI 等于 0.905 与 CFI 等于 0.916，RMSEA 等于 0.058，也就是说通过修正模型，除 GFI 以外，其余全部指标均通过检验，并且 GFI 值为 0.896，非常接近标准要求的 0.9。Bentler 与 Chou（1987）也指出对于变量较多的模型来说，完全达到一般认定的拟合优度标准往往是比较困难的，因此对于复杂模型可以适度放宽标准①。本研究体现了品牌治理从形成到发展再到观测三层关系，共提出潜在构念 11 个，涉及观测变量 32 个，属于较为复杂的模型。另外，在标准化处理后，并没有相关系数的绝对值大于 1。因此，在其他指标均通过检验的情况下，即使 GFI 与标准存在略微差距，仍认为模型具有较好的拟合效果。

① Bentler P M，Chou C P. Practical issues in structural modeling［J］. Sociological Methods & Research，1987，16（1）：78–117.

6.4 信度检验

信度检验是对收集信息与数据可靠性的检验，通过对信度的检验，可反映出研究数据受到随机误差干扰的程度，简单来说，信度检验保证了数据的可靠性，即当采用同样测量手段时在多大程度上可获得一致性的结果。另外，在数据被分析前，应优先考虑数据的信度，只有信度被满足后，分析才是有用的。也就是说，数据的信度不仅体现了一致性与可靠性，还是研究有效性的基本保障，即效度的基础。通常采用内部一致性来观测数据的信度，Cronbach's α 系数是最常用的检验工具之一；而在验证性因子分析中，多采用构念信度（Construct Reliability）与组合信度（Composite Reliability）来反映数据的可靠性。本文先通过 SPSS 观测 Cronbach's α 系数对内部一致性信度进行检验，然后通过对构念信度与组合信度的分析进一步判别研究数据的信度。

Cronbach's α 系数检验

内部一致性信度是指同一个变量中多个计量指标的一致性程度。本文使用软件 SPSS18.0，通过 Cronbach's α 系数对调查数据的内部一致性信度进行检验。通常研究认为如果 Cronbach's α 系数高于 0.9，则数据信度很高；在 0.9 与 0.8 之间，则数据信度为佳；在 0.8 与 0.7 之间，则数据信度一般，但仍可以接受；若系数低于 0.7，则数据不可信。在本研究中，计算了由 32 个测量题项形成的 11 个潜在构念的信度系数值，即 Cronbach's α 系数，结果表明所有潜在构念的 Cronbach's α 系数均高于信度检验的临界值 0.7，且除了劳动成本因素的 Cronbach's α 系数以外，全部超过 0.9，具体情况如表 6-3。总体来说，通过对内部一致性信度检验证明了研究中的潜在构念的测量题项都具有较好的信度。然而值得注意的是基于 Cronbach's α 系数的信度检验无法观测具体测量题项的误差，且不承认测量题项的误差间存在相关性。因此，为了进一步分析研究数据的内部一致性信度，还需通过验证性因子分析进行检验。

表 6-3　研究变量的 Cronbach's α 系数表

模型构成	变量	Cronbach's α 系数
参与品牌治理的影响因素	交流环境（CE）	0.939
	物质激励（MI）	0.937
	活动乐趣（FA）	0.964
	宣传能力（AP）	0.954
	品牌情感（EB）	0.953
	劳动成本（LC）	0.892
深化品牌治理的影响因素	认同意识（CI）	0.904
	合作关系（P）	0.926
品牌治理融入度	归属意识（SB）	0.901
	监督与维权意识（ASR）	0.965
	可持续发展潜力（PSD）	0.952

组合信度检验

在探索性因素分析中，数据的一致性信度从测量题项的信度系数与潜在构念的组合信度系数来判别，通常认为潜在构念的组合信度系数在 0.6 与 0.7 之间则测量模型的信度即可以接受，如果组合信度值在 0.7 以上，则表示测量模型中潜在构念的信度良好（吴明隆，2013）[①]。在结构方程模型分析中，测量题项的因素负荷的平方就是该题项的信度系数，同时也是反映潜在构念聚敛效度的重要指标之一。组合信度为本质上是结构方程模型中潜在构念的信度，信度值越高，表示同一潜在构念内所有测量题项反映的同质性越高，测量题项间的一致性越大，即测量题项所共享的潜在构念越相似。由于 Amos 软件与 SPSS 均不能提供组合信度（ρc）计算，所以只能依照公式自行计算信度值，计算公式为 $\rho_c = \frac{(\sum\lambda)^2}{[(\sum\lambda)^2 + \sum\theta]}$，$\rho_c$ 为组合信度，λ 为标准化后的因素负荷量，θ 为观测变量的误差方差。在本研究中，所有潜在构念的组合信度均高于 0.7，且大部分高于 0.8，如表 6-4。因此，通过对研究数据进行组合信度检验发现本文数据的一致性信度良好，为后续分析奠定了基础。

① 吴明隆．结构方程模型：AMOS 实务进阶［M］．重庆大学出版社，2013.

表 6–4 潜在构念的组合信度表

潜在构念	测量题项	标准化荷载系数（λ）	测量误差（θ）	组合信度（ρ_c）
交流环境（CE）	CE1	0.919	0.155	0.889
	CE2	0.925	0.144	
	CE4	0.702	0.507	
物质激励（MI）	MI1	0.678	0.540	0.888
	MI2	0.956	0.086	
	MI3	0.902	0.186	
活动乐趣（FA）	FA1	0.877	0.231	0.927
	FA2	0.908	0.176	
	FA3	0.914	0.165	
宣传能力（AP）	AP1	0.794	0.370	0.910
	AP2	0.920	0.154	
	AP3	0.916	0.161	
品牌情感（EB）	EB1	0.882	0.222	0.908
	EB2	0.926	0.143	
	EB3	0.818	0.331	
劳动成本（LC）	LC1	0.745	0.445	0.791
	LC2	0.869	0.245	
认同意识（CI）	CI1	0.753	0.433	0.803
	CI2	0.812	0.341	
	CI3	0.711	0.494	
合作关系（P）	P1	0.760	0.422	0.848
	P2	0.795	0.368	
	P3	0.863	0.255	
归属意识（SB）	SB1	0.736	0.458	0.806
	SB2	0.783	0.387	
	SB3	0.766	0.413	
监督与维权意识（ASR）	ASR1	0.922	0.150	0.931
	ASR2	0.915	0.163	
	ASR3	0.875	0.234	
可持续发展潜力（PSD）	PSD1	0.850	0.278	0.905
	PSD2	0.918	0.157	
	PSD3	0.847	0.283	

6.5 效度检验

效度即研究的有效程度，对效度进行检验的本质就是确保研究的准确性与有效性，是开展科学研究分析的重要基本条件。通常，以内容效度与结构效度为衡量研究变量效度的主要方法。内容效度指调查中设置的测量题项对该领域研究内容或取样的适用性，反映研究数据能否有效代表观测目标，多采用专家判别法之类的较为倾向于主观判断的评价体系。一般情况下，研究在参考经典理论的基础上，对前人较为成熟的问卷加以修正，则往往可获得较佳的内容效度。本文的研究量表均通过对经典理论分析而来，且根据品牌专家与实践管理者的访谈进行了改进，另外还依据预调查获得小样本数据进一步纯化与修正，具有良好的内容效度。因此，本研究中效度检验的重点在于对结构效度的分析。结构效度指研究对理论构想的反映程度，即研究结果对该研究理论或构想的解释程度，通常根据收敛效度（Convergent Validity）与判别效度（Discriminant Validity）进行衡量。

收敛效度检验

收敛效度（Convergent Validity）又称聚敛效度或聚合效度。在验证性因子分析中，同一潜在构念的测量题项应位于相同的因素层面中，也就是说该测量题项对于潜在构念的因素负荷量应该较高，且同一潜在构念下，各测量题项间会存在高度的相关性。因此，潜在构念的测量题项间相关性越高以及测量题项在潜在构念中同构性越大，则收敛效度越良好。通常 CFA 模型中，通过三个方面对收敛效度检验，分别是观测因子负荷量（Factor Loading）、平均方差抽取量（Average Variance Extracted，简称 AVE 或 ρ_v）以及组合信度（Composite Reliability，简称 CR 或 ρ_c）。前文中介绍过组合信度计算公式为 $\rho_c = \frac{(\sum\lambda)^2}{[(\sum\lambda)^2+\sum(\theta)]}$，平均方差抽取量的计算公式为 $\rho_v = \frac{(\sum\lambda^2)}{[(\sum\lambda^2)+\sum(\theta)]}$，$\rho_v$ 为平均方差抽取量，λ 为标准化后的因素负荷量，θ 为观测变量的误差方差。本研究中，因子负荷量、平均方差抽取量与组合信度如下表 6-5。

表 6-5 收敛效度检验表

潜在构念	测量题项	标准化荷载系数（λ）	测量误差（θ）	组合信度（CR ρ_c）	平均方差抽取量（AVE ρ_v）
交流环境（CE）	CE1	0.919	0.155	0.889	0.731
	CE2	0.925	0.144		
	CE4	0.702	0.507		
物质激励（MI）	MI1	0.678	0.540	0.888	0.729
	MI2	0.956	0.086		
	MI3	0.902	0.186		
活动乐趣（FA）	FA1	0.877	0.231	0.927	0.809
	FA2	0.908	0.176		
	FA3	0.914	0.165		
宣传能力（AP）	AP1	0.794	0.370	0.910	0.772
	AP2	0.920	0.154		
	AP3	0.916	0.161		
品牌情感（EB）	EB1	0.882	0.222	0.908	0.768
	EB2	0.926	0.143		
	EB3	0.818	0.331		
劳动成本（LC）	LC1	0.745	0.445	0.791	0.655
	LC2	0.869	0.245		
认同意识（CI）	CI1	0.753	0.433	0.803	0.577
	CI2	0.812	0.341		
	CI3	0.711	0.494		
合作关系（P）	P1	0.760	0.422	0.848	0.652
	P2	0.795	0.368		
	P3	0.863	0.255		
归属意识（SB）	SB1	0.736	0.458	0.806	0.581
	SB2	0.783	0.387		
	SB3	0.766	0.413		
监督与维权意识（ASR）	ASR1	0.922	0.150	0.931	0.818
	ASR2	0.915	0.163		
	ASR3	0.875	0.234		
可持续发展潜力（PSD）	PSD1	0.850	0.278	0.905	0.761
	PSD2	0.918	0.157		
	PSD3	0.847	0.283		

因子负荷量的平方体现了测量题项的共同性（Communality），即潜在构念对测量题项的解释程度。通常的理想状态是在 0.7 以上，也有学者指出为了确保潜在构念中共同因素对测量变量的解释能力超过 50%，所以标准化的路径系数应高于 0.71。平均方差抽取量体现测量误差在潜在构念解释测量题项中的影响，平均方差抽取值越大，测量误差越小，通常以 0.50 作为临界值，如低于临界值则表示潜在构念的解释能力低于误差项的解释能力，数据效度不佳。组合信度体现了同一潜在构念内所有测量变量的同构性，临界值为 0.6，如达到 0.7 以上则代表数据质量良好。根据表 6-5 发现，本研究中所有测量变量的因子负荷量均高于 0.7，且绝大部分达到了 0.8 以上，因此潜在构念对测量变量的解释能力较强。另外，平均方差抽取值 AVE 也全部高于临界要求 0.5 并且组合信度也都在最优标准 0.7 以上。因此，研究数据的收敛效度良好且测量题项可有效地反映与其对应的潜在构念。

判别效度检验

收敛效度体现了潜在构念内的共同性，而判别效度则反映了潜在构念间的差异性。如判别效度不佳的模型中，通常某些潜在构念间并没有显著不同，则该类潜在构念应合并为同一个构念。CFA 模型中对判别效度的检验主要有三种方法。第一，卡方差异检验法。该方法假设两个潜在构念完全相关，相关系数为 1，并依此设计限制性模型，通过比较限制性模型与非限制性模型卡方变异值，判别是否应当接受假设。当卡方差值显著，则拒绝假设，承认两个潜在构念的区别。第二种方法是将两个因素构念的测量题项合并在一起形成一个新的潜在构念，然后比较新旧模型的卡方值变化。前两种方法均存在一个弊端，即模型较为复杂时，检验过程变得非常繁琐。例如本研究涉及 11 个潜在构念，使用第一种或第二种方法都将产生 100 个以上的检验模型。第三种方法是比较两个潜在构念的个别平均方差抽取值与这两个构念间的相关系数，其原理在于测量题项对其潜在构念的解释能力应高于其他构念对该构念的解释。如两个平均方差抽取值均大于相关系数的平方，则认定两个构念间有较好的判别效度。

多数学者认为第三种检验方法更严谨并且检验效果最佳（Hair 等人 2010，吴明隆 2013）①。因此本文采用第三种方法对判别效度进行检验，检验标准有

① 吴明隆 . 结构方程模型：AMOS 实务进阶［M］. 重庆大学出版社，2013.

两条，首先平均方差抽取值大于0.5，其次，任意两个潜在构念的平均方差抽取值均大于其相关系数的平方，即模型中存在任意潜在构念x与y，都有AVE［x］> R^2_{xy} 且AVE［y］> R^2_{xy}。检验结果如表6-6，最左边的数字栏为平均方差抽取值，左半部分三角形内数值为11个潜在构念的相关系数，右半部分三角形内为相关系数的平方。在右半部分中AP与ASR间相关系数的平方数值最大，为0.646，但仍小于AVE［AP］的0.772与AVE［ASR］的0.818。第二大的数值为P与SLC间相关系数的平方0.643，也小于AVE［P］的0.652与AVE［SLC］的0.761。其余所有数值均小于CI的AVE值0.577，而AVE［CI］为所有AVE中最小的一个，所以本研究中所有潜在构念间相关系数的平方都低于其自身的AVE值，因此，本研究数据具有良好的判别效度。

表6-6 研究中潜在构念相关系数及AVE矩阵

	AVE	CE	MI	FA	AP	EB	LC	CI	P	SB	ASR	PSD
CE	0.731	1.000	0.244	0.237	0.023	0.199	0.199	0.566	0.514	0.543	0.122	0.473
MI	0.729	0.494	1.000	0.040	0.219	0.270	0.000	0.318	0.303	0.299	0.295	0.184
FA	0.809	0.487	0.201	1.000	0.046	0.429	0.244	0.518	0.487	0.495	0.090	0.561
AP	0.772	0.153	0.468	0.214	1.000	0.080	0.004	0.066	0.146	0.048	0.646	0.064
EB	0.768	0.446	0.52	0.655	0.284	1.000	0.076	0.512	0.454	0.467	0.118	0.512
LC	0.655	−0.446	0.001	−0.494	−0.06	−0.276	1.000	0.306	0.239	0.284	0.026	0.160
CI	0.577	0.752	0.564	0.72	0.258	0.716	−0.554	1.000	0.529	0.573	0.219	0.546
P	0.652	0.717	0.551	0.698	0.383	0.674	−0.489	0.728	1.000	0.574	0.246	0.643
SB	0.581	0.737	0.547	0.704	0.221	0.684	−0.533	0.757	0.758	1.000	0.231	0.574
ASR	0.818	0.350	0.544	0.301	0.804	0.344	−0.162	0.469	0.496	0.481	1.000	0.147
PSD	0.761	0.688	0.429	0.749	0.254	0.716	−0.401	0.739	0.802	0.758	0.384	1.000

6.6 假设验证

在整体模型评估、信度与效度检验的基础上，进一步分析研究模型，检验研究假设。本文首先对11个潜在构念做了相关性分析，探索潜在构念间的相关关系，为检验研究假设奠定了基础。然而，单纯的相关分析法存在一定的弊端，只能指出两个变量间的统计联系，无法说明变量的地位及存在关系的方向性，难以验证构念间的因果关联。另外，相关性分析还容易受到第三方潜在构念的影响，当间接影响严重时，在一定程度上存在信息界限损失，可能会无法精确反映变量间的关系。因此，为了提升研究的精确度，在相关性分析结论的基础上，对模型路径进一步修正，建立结构方程模型（SEM，Structual Equation Modelling）分析并通过 AMOS17.0 软件最终验证研究假设。

6.6.1 基于相关性分析的初步假设检验

通过相关性分析，发现研究假设所涉及的 17 个关系均通过检验，检验结果如下表 6-7。值得注意的是假设 H1-6，根据 Jurgens 等人（2010）与 Gregory（2007）的研究，宣传能力会促使利益相关者在品牌治理过程中提出更高的要求，使其变得更苛刻从而负向影响到认同意识与合作关系的发展[①②]。但是根据对研究样本的分析发现宣传能力与认同意识正相关，可能是参与要素间的关系模糊了宣传能力对认同意识的影响，仍需要进一步的分析与研究。其余关系都与假设一致，且全部通过 P 等于 0.01 的检验，初步验证了假设的合理性与科学性。然而由于相关性分析只是验证研究假设的第一步，无法体现潜在构念间关系的方向性，即不能对因果关系进行研究，因此需通过结构方程模型进一步加以验证。

表 6-7　相关性分析的假设检验

假设	相关关系			显著性 P	相关系数
H1-1	CE	<—>	CI	显著 ***	0.752（P < 0.01）
H1-2	EB	<—>	CI	显著 ***	0.716（P < 0.01）
H1-3	FA	<—>	CI	显著 ***	0.720（P < 0.01）
H1-4	MI	<—>	CI	显著 ***	0.564（P < 0.01）
H1-5	LC	<—>	CI	显著 ***	–0.554（P < 0.01）
H1-6	AP	<—>	CI	显著 ***	0.258（P < 0.01）
H2-1	CE	<—>	P	显著 ***	0.717（P < 0.01）

① Jurgens M，Berthon P，Papania L，et al. Stakeholder theory and practice in Europe and North America：The key to success lies in a marketing approach [J] . Industrial Marketing Management，2010，39（5）：769–775.

② Gregory A. Involving Stakeholders in Developing Corporate Brands：the Communication Dimension [J] . Journal of marketing management，2007，23（1–2）：59–73.

续表

假设	相关关系			显著性 P	相关系数
H2-2	EB	<—>	P	显著 ***	0.674（P < 0.01）
H2-3	FA	<—>	P	显著 ***	0.698（P < 0.01）
H2-4	MI	<—>	P	显著 ***	0.551（P < 0.01）
H2-5	LC	<—>	P	显著 ***	-0.489（P < 0.01）
H2-6	AP	<—>	P	显著 ***	0.383（P < 0.01）
H3-1	CI	<—>	SB	显著 ***	0.757（P < 0.01）
H3-2	P	<—>	SB	显著 ***	0.758（P < 0.01）
H4-1	CI	<—>	ASR	显著 ***	0.469（P < 0.01）
H4-2	P	<—>	ASR	显著 ***	0.496（P < 0.01）
H5-1	CI	<—>	PSD	显著 ***	0.739（P < 0.01）
H5-2	P	<—>	PSD	显著 ***	0.802（P < 0.01）

6.6.2 基于结构方程模型的假设检验

由于相关性检验结果良好，无需删除或新建模型路径，仅需在相关性模型基础上加入关系指向，使用 Amos17.0 统计软件构造修正模型对原样本进行拟合，Chi-square 为 1217.3，Df 为 446，所以 Chi-square/Df 等于 2.73，满足小于3的标准，RMR等于0.074，小于标准1。GFI等于0.901，NFI等于0.902，TLI 等于 0.900 与 CFI 等于 0.917，RMSEA 等于 0.055，小于要求的 0.06，因此模型拟合良好，可用于进一步的分析。根据分析结果对假设 H1-H5 作出检验，检验结果如表 6-8。

表 6-8　基于结构方程模型的假设检验结果

假设	相关关系			显著性 P	相关系数	是否通过检验
H1-1	CE	—>	CI	显著 ***	0.587（P < 0.01）	是
H1-2	EB	—>	CI	显著 ***	0.361（P < 0.01）	是
H1-3	FA	—>	CI	显著 ***	0.436（P < 0.01）	是
H1-4	MI	—>	CI	显著 ***	0.240（P < 0.01）	是
H1-5	LC	—>	CI	显著 ***	-0.199（P < 0.01）	是
H1-6	AP	—>	CI	显著 **	-0.072（P=0.023）	是

续表

假设	相关关系			显著性 P	相关系数	是否通过检验
H2-1	CE	—>	P	显著 ***	0.481（P < 0.01）	是
H2-2	EB	—>	P	显著 ***	0.218（P < 0.01）	是
H2-3	FA	—>	P	显著 ***	0.410（P < 0.01）	是
H2-4	MI	—>	P	显著 ***	0.262（P < 0.01）	是
H2-5	LC	—>	P	显著 ***	-0.192（P < 0.01）	是
H2-6	AP	—>	P	显著 ***	0.246（P < 0.01）	是
H3-1	CI	—>	SB	显著 ***	0.813（P < 0.01）	是
H3-2	P	—>	SB	显著 ***	0.185（P < 0.01）	是
H4-1	CI	—>	ASR	显著 *	-0.138（P=0.054）	否（方向不符）
H4-2	P	—>	ASR	显著 ***	0.541（P < 0.01）	是
H5-1	CI	—>	PSD	显著 ***	0.713（P < 0.01）	是
H5-2	P	—>	PSD	显著 ***	0.143（P < 0.01）	是

根据检验结果，全部假设都通过了显著性验证，其中假设 H1-6 通过 P 为 5% 的检验而假设 H4-1 通过 10% 的检验，其余假设显著性水平均通过 1% 的检验。因此，构造研究结论的系数及路径图 6-5。值得注意的是假设 H4-1 的关系系数为负，与原假设不符，根据 Muniz 与 O'Guinn（2001）的理论，认同意识对形成责任感具有积极影响，进而会促进品牌治理过程中的监督与维权行为。然而，验证结论发现认同意识会削弱监督与维权意识。Schau 等人（2009）在对利益相关者参与品牌共建行为分析时发现，随着认同感的提供，参与者产生出一种对品牌印象管理的保护机制，即传播品牌的正面信息与反驳负面新闻，由此当个别利益相关者的权益受到侵害时，在认同感高的品牌合作伙伴中，为了维护品牌形象，参与者反而可能选择漠视负面信息并阻碍该信息的传播，从而降低了品牌治理过程中整体的监督与维权意识。同时，Hatch 等人（2010）也指出认同感会提高参与者在合作中的信任度与容忍度，也就降低其对监督与维权的敏感性。另一方面，基于结构方程模型的检验结果与相关性检验结果并不完全一致，比如 SEM 检验中，假设 H1-6 证明宣传能力会阻碍认同意识的形成，与相关性分析的结果不符，可能是由于考虑多种相关关系时间接效应的遮掩，也可能因为样本包括多种利益相关者类

型，而宣传能力在不同类型利益相关者参与品牌治理过程中起到不同的作用，从而致使大样本下其统计特性被模糊或掩盖。为提高研究的精确度，应进一步分组讨论不同利益相关者类型在品牌治理过程中的特点。

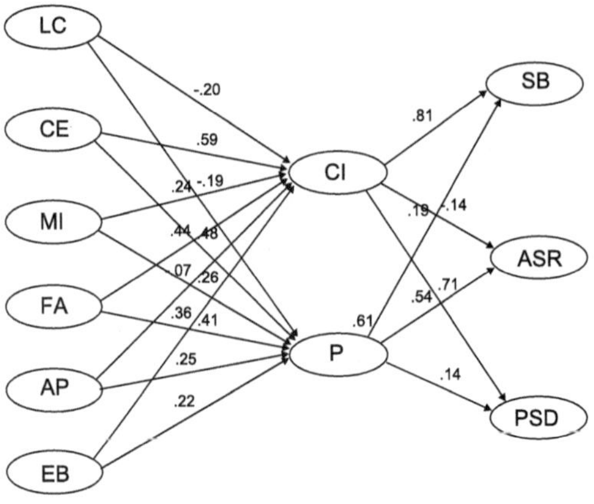

品牌治理参与因素
CE：交流环境
MI：物质激励
FA：活动乐趣
AP：宣传能力
EB：品牌情感
LC：劳动成本
品牌治理深化因素
CI：认同意识
P：合作关系
品牌治理融入度
SB：归属意识
ASR：监督与维权意识
PSD：可持续发展潜力

图 6-5　研究模型的系数及路径图

6.7 基于利益相关者类型的分组比较分析

在前文对利益相关者分类时提到，不同类型的利益相关者在品牌共建过程中的重要性有差别、合作诉求不同、参与方式也各异。因此，在品牌治理过程中不同利益相关者类型的参与者往往也会呈现出不同的特点。然而，将全部利益相关者作为大样本进行统一分析，固然能在总体层面上把握品牌治理行为中的“共性”，但在一定程度上忽略了不同参与者间的“个性”。比如公司挑选伙伴型利益相关者加入品牌共建合作的首要考虑目标通常是宣传能力，而对奉献型利益相关者则更关注其对品牌的情感。使用大样本分析时，不同利益相关者类型的“个性”会被数理统计模型所掩盖。另一方面，不同类型参与者间的差别，也可能会影响验证过程中的相关关系与显著水平，降低研究的精确性。因此，本文以奉献型利益相关者、伙伴型利益相关者与权益型利益相关者作为分类标准，进一步细分样本，分析不同利益相关者类型中品牌治理的特点。

6.7.1 贝氏估计法

前文验证均通过最大似然法对模型进行估计，然而最大似然估计的基本假设中，模型参数的具体数值是固定但未知的（fixed but unknown），样本参数则是随机但已知的（random but known）。当样本量较小的情况下，最大似然估计并不适合做 SEM 分析，小样本量容易导致模型计算时收敛的失败进而影响到参数估计。贝氏估计分析法的优点在于承认并检验随机变量的未知数值，然后模拟其概率分布，更有利于总结小样本条件下的模型状况。关于 SEM 的样本量，至今说法不一，Bentler 与 chou（1987）提出当数据质量较好时，一个参数估计需要至少 5 个样本支撑①。Loehlin（1992）认为至少需要 100 个样本才能做结构方程模型，当然 200 更好②。还有学者提出 300 样本量作为最低标准，也有学者认为最低标准应该在 500 以上。

本研究共收集奉献型利益相关者问卷 191 份，权益型利益相关者问卷 158 份以及伙伴型利益相关者问卷 232 份，由于样本量均不大，因此使用贝氏估计法代替前文的极大似然估计法。贝氏估计法的优点在于允许使用真正先验分布的性质，再加上现有可用的观察平均数据，经过演算程序产生有效的统计量数，如事后平均数、百分比、标准差以及置信区间等。其抽样过程是根据马科夫链蒙地卡罗（MCMC）样本生成法，而非依靠渐进理论，因此对小样本数据分布而言，参数估计会更为可靠（吴明隆，2013）③。

6.7.2 基于利益相关者分类的检验

（1）权益型利益相关者检验

通过贝氏估计法对权益型利益相关者 158 个样本的结构方程模型进行检验，当达到聚敛统计量为 1.0059（小于 1.010）时停止抽样，抽取样本数为（1000+76801）*32，表示 MCMC 仿真抽取的样本总数，即分析过程共产生的总样本数，但是由于 Amos 样本上限为 100000，因此数据经过了 5 次“瘦身”（2^5=32）并抛除未达到聚敛前的 1000*32 个样本。所谓“瘦身”，指样本数超

① Bentler P M，Chou C P. Practical issues in structural modeling［J］. Sociological Methods & Research，1987，16（1）：78-117.

② Loehlin J C. Genes and environment in personality development［M］. Sage Publications，Inc，1992.

③ 吴明隆 . 结构方程模型：AMOS 实务进阶［M］. 重庆大学出版社，2013.

过上限却仍未达到聚敛要求时，将根据平均数截距项减少一半样本，并重新抽样直到聚敛成功。本研究中，最终接受样本比为0.254，在0.2与0.5之间。根据Amos提供的适配测量值发现，Posterior Predictive P数值为0.35，处于0.25到0.75之间，可以接受。DIC为126.35，因此样本聚敛良好。根据参数事后概率分布图对研究涉及的18个假设作出诊断，自变相关图显示所有参数估计结果中，自动相关系数逐渐变小并在90次迭代后基本趋近于0，时间序列图中，聚敛轨迹上下快速波动而聚合在一起并且没有发生漂移；线状多边图基本成左右对称的分布，如图6-6。因此，该样本的分布聚敛得到实现，并且分析样本完全可以体现事后分布的样本。

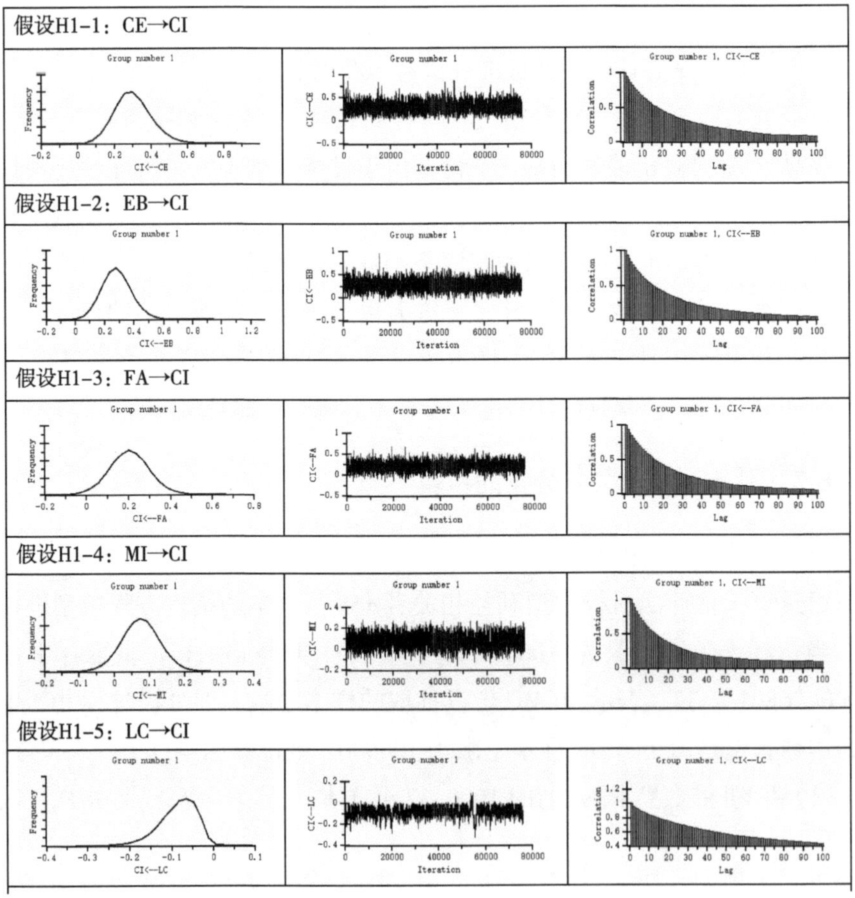

假设H1-6：AP→CI

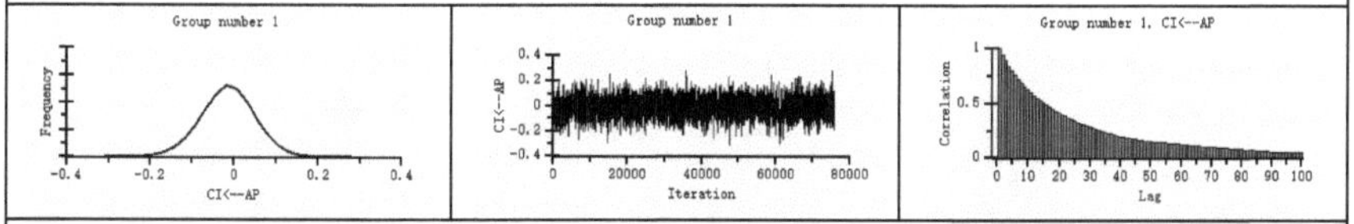

假设H2-1：CE→P

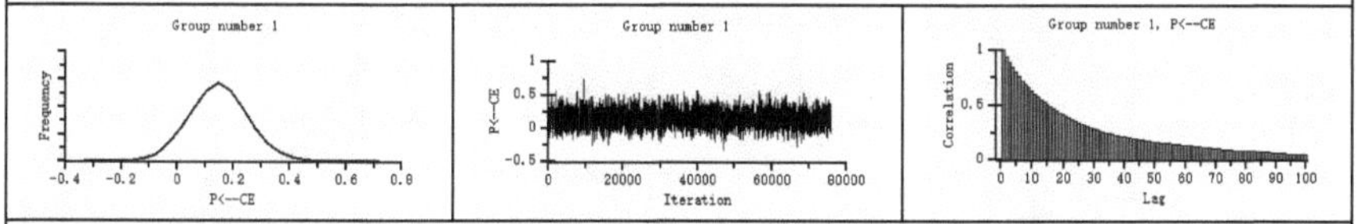

假设H2-2：EB→P

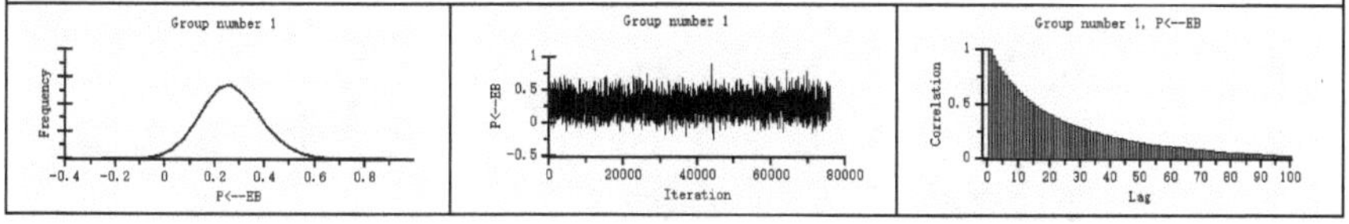

假设H2-3：FA→P

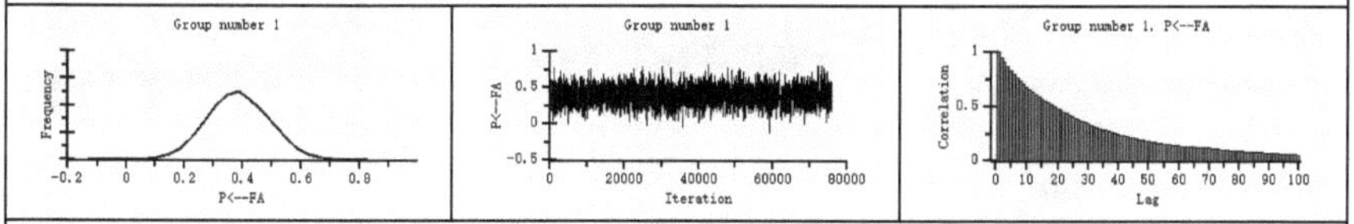

假设H2-4：MI→P

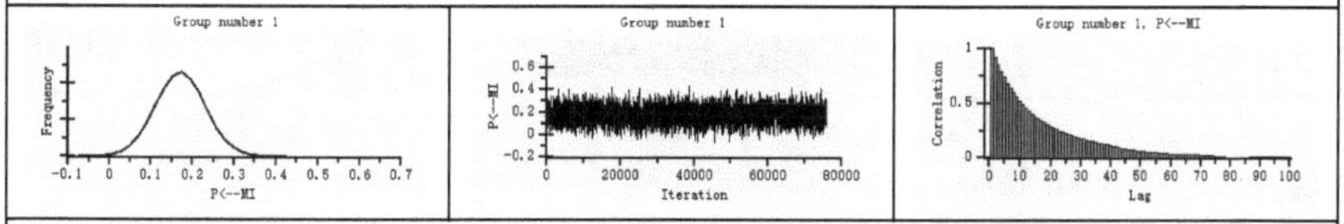

假设H2-5：LC→P

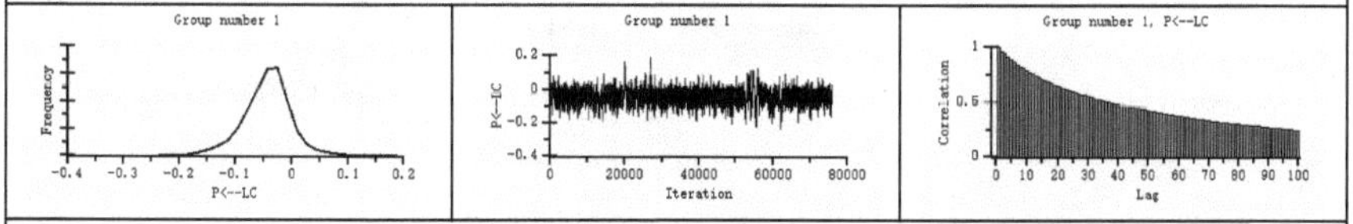

假设H2-6：AP→P

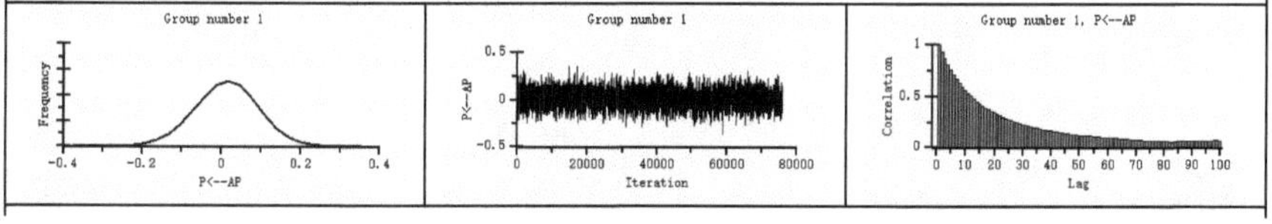

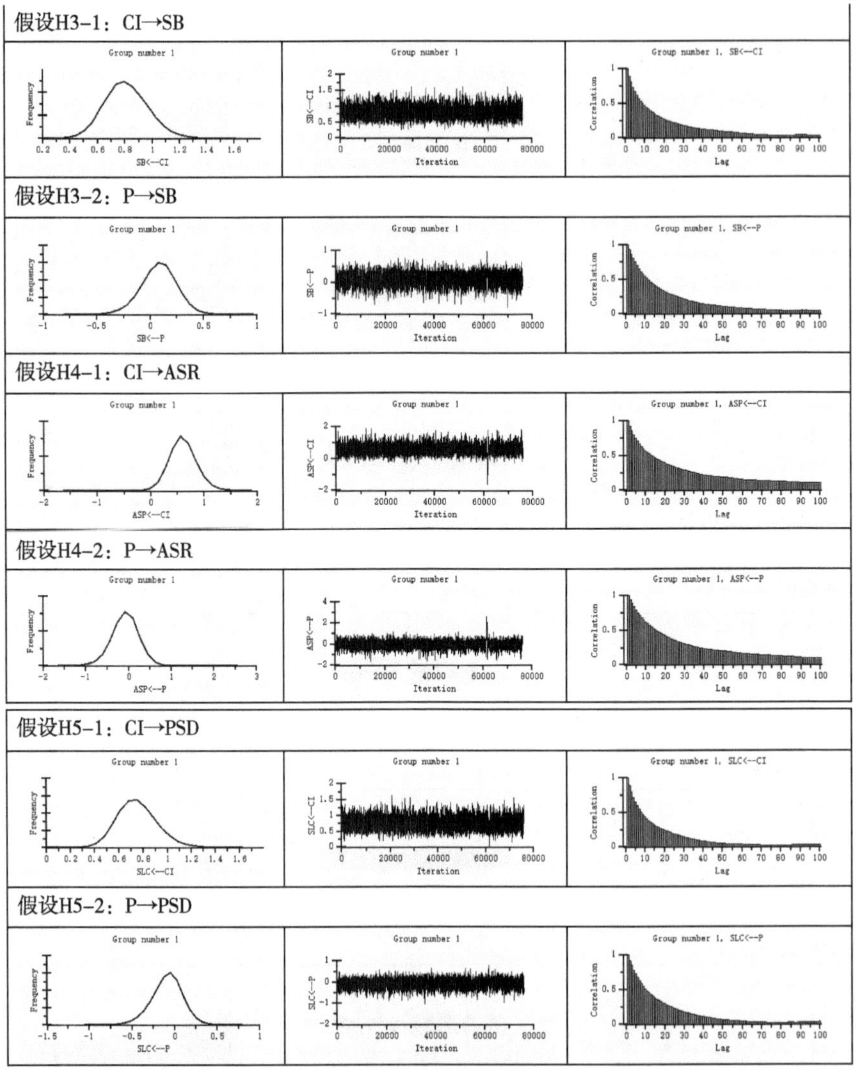

图 6-6　研究假设的聚敛诊断图

贝氏估计可以提供事后平均数，置信区间等参数作为验证标准。事后平均数表示对待估参数事后分布概率的平均数估计，显示了潜在构念间未标准化的相关系数。置信区间包括在一定检验概率下的可靠区间上限与下限值。当置信区间包括 0 时，表示两潜在构念间关系可能为 0，即不显著，因此未能通过检验。本文选取 90% 为置信区间标准，检验结果如表 6-9，假设 H1-6，H2-5，H2-6，H4-2，H5-2 未通过检验。AMOS 软件在贝氏估计法中，提供直接与间接效果的信息，两潜在构念间的标准直接效果（Standardized Direct Effects）就是两构念间标准化后的相关系数。因此，根据潜在构念间的直接效应，如表 6-10，构造路径与相关系数图 6-7。

表 6-9 权益型利益相关者的贝氏检验结果

假设	路径	Mean	90% Lower bound	90% Upper bound	检验结果
H1-1	CI<—CE	0.302	0.121	0.520	通过
H1-2	CI<—EB	0.282	0.090	0.495	通过
H1-3	CI<—FA	0.204	0.016	0.394	通过
H1-4	CI<—MI	0.085	0.013	0.181	通过
H1-5	CI<—LC	-0.085	-0.192	-0.016	通过
H1-6	CI<—AP	-0.014	-0.146	0.113	未通过
H2-1	P<—CE	0.169	0.023	0.362	通过
H2-2	P<—EB	0.267	0.046	0.509	通过
H2-3	P<—FA	0.387	0.180	0.600	通过
H2-4	P<—MI	0.172	0.054	0.293	通过
H2-5	P<—LC	-0.043	-0.139	0.044	未通过
H2-6	P<—AP	0.014	-0.146	0.169	未通过
H3-1	SB<—CI	0.813	0.518	1.151	通过
H3-2	SB<—P	0.308	0.111	0.512	通过
H4-1	ASR<—CI	0.602	0.114	1.144	通过
H4-2	ASR<—P	-0.074	-0.729	0.525	未通过
H5-1	PSD<—CI	0.754	0.461	1.111	通过
H5-2	PSD<—P	-0.089	-0.473	0.25	未通过

表 6-10 权益型利益相关者模型中潜在构念间的标准直接效果

	CE	EB	FA	MI	LC	AP	CI	P	PSD	ASR	SB
CI	0.362	0.396	0.503	0.193	-0.151	-0.005	0.000	0.000	0.000	0.000	0.000
P	0.166	0.317	0.556	0.297	-0.037	0.009	0.000	0.000	0.000	0.000	0.000
SB	0.000	0.000	0.000	0.000	0.000	0.000	0.759	0.319	0.000	0.000	0.000
ASR	0.000	0.000	0.000	0.000	0.000	0.000	0.404	0.062	0.000	0.000	0.000
PSD	0.000	0.000	0.000	0.000	0.000	0.000	0.708	0.097	0.000	0.000	0.000

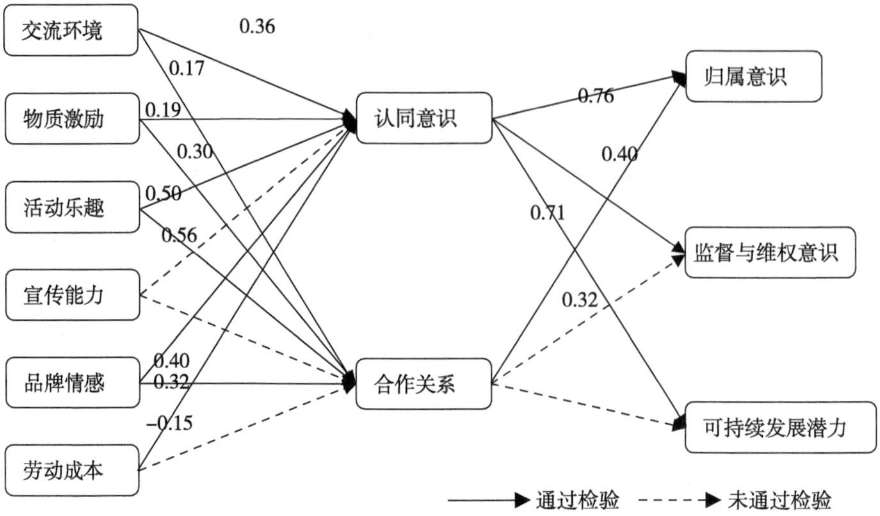

图 6–7　权益型利益相关者研究路径与相关系数图

经研究发现，权益型利益相关者在品牌治理过程中的特点如下：首先宣传能力既不会影响认同意识的形成，也不能促进合作关系的完善。这可能与利益相关者的分类有关，权益型利益相关者本来就是对品牌影响力较高的合作者，因此，可以认为其宣传能力已经足够大，当大到可以产生社会公众效应时，如报社和政府部门的信息披露，则很难区分谁的宣传能力更强一些。并且，通常品牌拥有公司为权益型利益相关者做差别化的合作计划有限，对几个类似的权益型利益相关者使用统一的品牌共建战略。其次，劳动成本并不会影响参与者的认同意识，却会对合作关系产生负向影响。这与权益型利益相关者参与品牌治理的心态有关，当加入合作后，其本身就意识到应当通过努力为品牌治理作出贡献，因此即使辛苦一些也不会降低对品牌、合作伙伴以及品牌治理过程的认同。但是，劳动的强度却会影响其工作的积极性与配合度，进而降低了合作关系中的融洽程度。最后，合作关系不能影响监督与维权意识，也不能影响其可持续发展的潜力。这是因为，通常权益型利益相关者承担社会监督的责任，如报社、政府职能部门等，而合作关系就像一种公司与参与者间的“私人关系”，社会监督责任要求权益型利益相关者不能将“私人关系”带入到工作中。

（2）伙伴型利益相关者检验

通过贝氏估计法对伙伴型利益相关者 232 个样本的结构方程模型进行检验，样本抽取与聚敛方式与权益型利益相关者检验相同，因此不再赘述。聚敛统计量为 1.0089，抽取样本数为（1000+64001）*8，最终接受样本比为 0.401，Posterior Predictive P 数值为 0.39，DIC 为 152.57，样本聚敛良好。仍选取 90% 为置信区间标准，检验结果如表 6-1，假设 H1-6，H3-2，H4-1 未通过检验，根据潜在构念间的直接效应，如表 6-12，构造路径与相关系数图 6-8。

表 6-11　伙伴型利益相关者贝氏检验结果

假设	路径	Mean	90% Lower bound	90% Upper bound	检验结果
H1-1	CI<—CE	0.454	0.339	0.573	通过
H1-2	CI<—EB	0.196	0.121	0.272	通过
H1-3	CI<—FA	0.266	0.185	0.351	通过
H1-4	CI<—MI	0.186	0.133	0.241	通过
H1-5	CI<—LC	−0.227	−0.301	−0.157	通过
H1-6	CI<—AP	0.008	−0.043	0.061	未通过
H2-1	P<—CE	0.474	0.356	0.59	通过
H2-2	P<—EB	0.086	0.013	0.164	通过
H2-3	P<—FA	0.228	0.142	0.315	通过
H2-4	P<—MI	0.118	0.063	0.175	通过
H2-5	P<—LC	−0.183	−0.254	−0.118	通过
H2-6	P<—AP	0.143	0.091	0.193	通过
H3-1	SB<—CI	0.722	0.613	0.835	通过
H3-2	SB<—P	0.026	−0.063	0.118	未通过
H4-1	ASP<—CI	−0.014	−0.253	0.218	未通过
H4-2	ASP<—P	0.38	0.107	0.66	通过
H5-1	PSD<—CI	0.776	0.603	0.945	通过
H5-2	PSD<—P	0.278	0.088	0.477	通过

表 6–12　伙伴型利益相关者模型中潜在构念间的标准直接效果

	CE	EB	FA	MI	LC	AP	CI	P	PSD	ASR	SB
CI	0.552	0.268	0.338	0.348	–0.304	0.014	0.000	0.000	0.000	0.000	0.000
P	0.616	0.119	0.307	0.234	–0.261	0.255	0.000	0.000	0.000	0.000	0.000
SB	0.000	0.000	0.000	0.000	0.000	0.000	0.781	0.024	0.000	0.000	0.000
ASR	0.000	0.000	0.000	0.000	0.000	0.000	–0.021	0.272	0.000	0.000	0.000
PSD	0.000	0.000	0.000	0.000	0.000	0.000	0.619	0.194	0.000	0.000	0.000

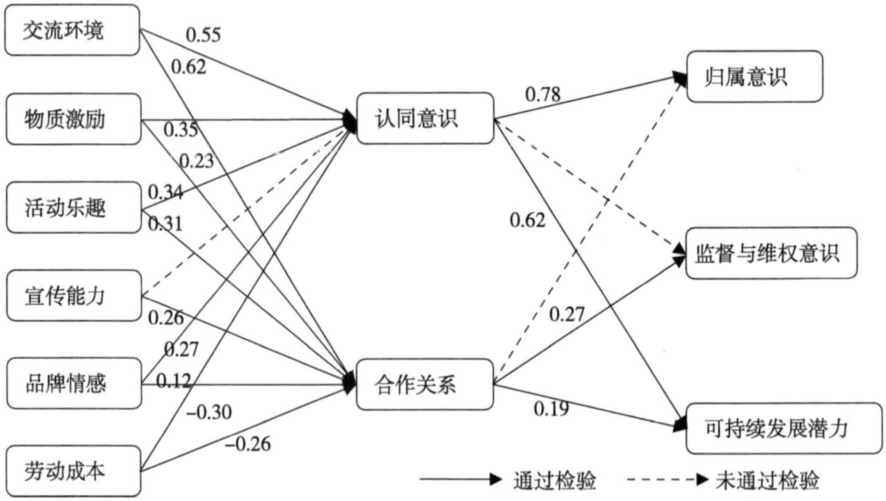

图 6–8　伙伴型利益相关者研究路径与相关系数图

经研究发现，伙伴型利益相关者在品牌治理过程中的特点如下：宣传能力虽然不能影响认同意识的形成，但是却能显著地改善品牌治理中的合作关系。在伙伴型利益相关者中，宣传能力的差距较大，既有对品牌宣传作用明显的参与者，如交通广播栏目；也有难以大范围宣传的参与者，如洗车店等，品牌拥有公司往往根据宣传能力设置不同的合作方针，倾向于优先满足宣传能力强的合作伙伴，同时，宣传能力强的参与者也更容易在合作中占据优势地位，因此宣传能力对改善合作关系具有积极影响。但是宣传能力较强的合作者处于优势地位，要求也往往更高并认为许多倾向于他们的优惠政策是应该的，所以很难提升该参与者的认同意识。这一现象同时也解释了为什么在品牌治理中无法通过合作关系提升伙伴型利益相关者的归属感，即说明了假设 H3-2，合作关系对归属意识的作用不显著。另外，认同意识对监督与维权意识的作用并不明显。伙伴型利益相关者参与品牌治理过程主要是保护自己的合法权益不被侵占，因此无论是否认同品牌共建行为，都不会影响其对品牌合作的监督与维权意识。

（3）奉献型利益相关者检验

通过贝氏估计法对奉献型利益相关者 191 个样本的结构方程模型进行检验，样本抽取与聚敛方式与权益型利益相关者检验相同，因此不再赘述。聚敛统计量为 1.0079，抽取样本数为（1000+90001）*8，最终接受样本比为 0.349，Posterior Predictive P 数值为 0.34，DIC 为 132.36，样本聚敛良好。仍选取 90% 为置信区间标准，检验结果如表 6-13，假设 H1-5，H2-5 未通过检验，根据潜在构念间的直接效应，如表 6-14，构造路径与相关系数图 6-9。

表 6-13　奉献型利益相关者贝氏检验结果

假设	路径	Mean	90% Lower bound	90% Upper bound	检验结果
H1-1	CI<—CE	0.496	0.43	0.565	通过
H1-2	CI<—EB	0.322	0.232	0.414	通过
H1-3	CI<—FA	0.296	0.212	0.382	通过
H1-4	CI<—MI	0.096	0.036	0.158	通过
H1-5	CI<—LC	-0.056	-0.127	0.01	未通过
H1-6	CI<—AP	-0.057	-0.111	-0.005	通过
H2-1	P<—CE	0.258	0.189	0.328	通过
H2-2	P<—EB	0.311	0.21	0.412	通过
H2-3	P<—FA	0.206	0.102	0.31	通过
H2-4	P<—MI	0.101	0.038	0.164	通过
H2-5	P<—LC	-0.007	-0.084	0.075	未通过
H2-6	P<—AP	0.116	0.059	0.17	通过
H3-1	SB<—CI	0.464	0.375	0.556	通过
H3-2	SB<—P	0.421	0.324	0.52	通过
H4-1	ASP<—CI	-0.517	-0.856	-0.229	通过
H4-2	ASP<—P	1.323	0.994	1.724	通过
H5-1	PSD<—CI	0.748	0.646	0.852	通过
H5-2	PSD<—P	0.191	0.086	0.3	通过

表 6-14　奉献型利益相关者模型中潜在构念间的标准直接效果

	CE	EB	FA	MI	LC	AP	CI	P	PSD	ASR	SB
CI	0.622	0.499	0.486	0.152	-0.069	-0.104	0.000	0.000	0.000	0.000	0.000
P	0.358	0.542	0.367	0.177	-0.033	0.22	0.000	0.000	0.000	0.000	0.000
SB	0.000	0.000	0.000	0.000	0.000	0.000	0.557	0.46	0.000	0.000	0.000
ASR	0.000	0.000	0.000	0.000	0.000	0.000	-0.405	0.878	0.000	0.000	0.000
PSD	0.000	0.000	0.000	0.000	0.000	0.000	0.808	0.19	0.000	0.000	0.000

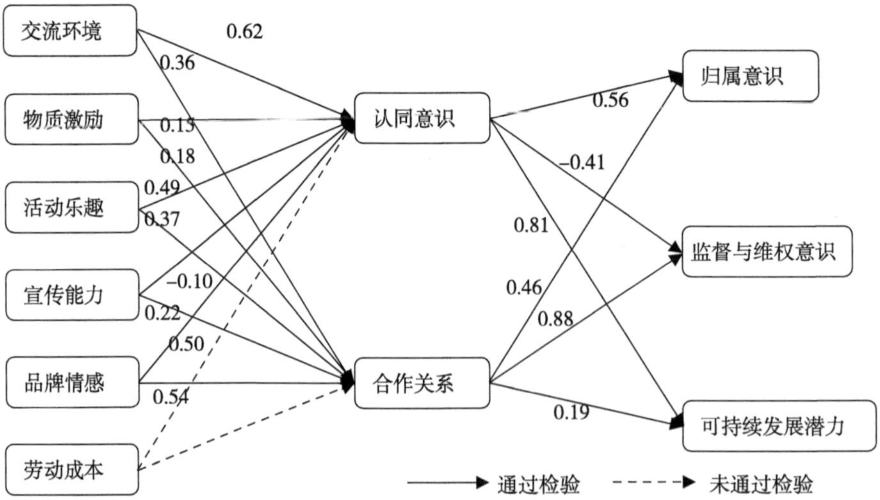

图 6-9　奉献型利益相关者研究路径与相关系数图

经研究发现，奉献型利益相关者在品牌治理过程中的特点如下：奉献型利益相关者在参与品牌治理过程中，劳动成本对认同意识与合作关系的影响均不显著。这主要是因为奉献型利益相关者都是自愿参与品牌社群或品牌活动的，品牌情感与活动乐趣成为其参与的主因，即使参与过程中劳累一些也不会影响他们的认同意识与合作关系。另外，根据表 6-13，假设 H1-5 中 90% 置信区间的上限为正值 0.01，即说明在样本抽样中发现一种特例，即对于某些特定的奉献型利益相关者其在品牌共建中越操劳，反而可以微量地提升该参与者的认同意识，该特例与实践活动中某些品牌狂热者的行为相符。

6.7.3 分组比较分析

根据检验结果对品牌治理中不同种类参与者的特点进行分析，通过被验证的路径与相关系数构造参与品牌治理的影响因素到品牌治理融入度的间接效果表 6–15，间接效果等于被验证的路径上相关系数的乘积。

表 6–15　参与品牌治理的影响因素到品牌治理融入度的间接效果

		CE	EB	FA	MI	LC	AP
全部样本分析	SB	0.57	0.33	0.43	0.24	–0.20	–0.01
	ASR	0.18	0.07	0.16	0.11	–0.08	0.14
	PSD	0.49	0.29	0.37	0.21	–0.17	–0.02
权益型利益相关者	SB	0.33	0.40	0.56	0.24	–0.11	不显著
	ASR	0.15	0.16	0.20	0.08	–0.06	不显著
	PSD	0.26	0.28	0.36	0.14	–0.11	不显著
伙伴型利益相关者	SB	0.43	0.21	0.26	0.27	–0.24	不显著
	ASR	0.18	0.07	0.08	0.06	–0.07	0.07
	PSD	0.46	0.19	0.27	0.26	–0.24	0.05
奉献型利益相关者	SB	0.51	0.53	0.44	0.17	不显著	0.04
	ASR	0.06	0.21	0.13	0.09	不显著	0.24
	PSD	0.57	0.51	0.46	0.16	不显著	–0.04

表 6–15 揭示了不同利益相关者类型参与品牌治理时的特点。首先，交流环境作为提升品牌共建交流合作的重要先决条件，不论在全部样本还是各组分类样本中均对提升品牌治理融入度有较为显著的作用，特别是在全样本分析中，交流环境是提升品牌治理融入度的最有效因素。品牌情感对促进利益相关者融入品牌治理也有不俗的作用，特别是在奉献型利益相关者参与的品牌治理中，起到了最重要的作用。活动乐趣与品牌情感类似，也对提高参与者品牌治理融入度具有积极的影响，在以权益型利益相关者为主的品牌治理过程中作用最明显。物质激励对品牌治理融入度的促进作用在伙伴型利益相关者参与的品牌治理过程中最高，对权益型与奉献型利益相关者的影响较小。通常，劳动成本会抑制参与者融入品牌治理的过程，但对奉献型利益相关者的作用不明显。宣传能力对品牌治理融入度产生的效果较为复杂，受到不同

利益相关者分类的影响最大，在权益型利益相关者构成的品牌治理过程中无法提升参与者对品牌治理的融入度，对伙伴型利益相关者归属意识的作用也不显著，但根据表中的间接效果发现宣传能力却是提升监督与维权意识最有效的手段。

根据利益相关者的分类，相比于其他利益相关者，奉献型利益相关者在品牌治理中，对物质激励因素的敏感性最低，且劳动成本作用不显著，而较为关注交流环境、品牌情感与活动乐趣三种因素。宣传能力虽不能提高归属意识与可持续发展潜力，却是增加监督与维权意识的有效手段。伙伴型利益相关者在参与品牌治理过程中，对物质激励的敏感性是三类利益相关者类型中最高的，且活动乐趣的影响力明显降低，为三类参与者中最低，劳动成本对品牌治理融入度的负面影响非常显著，并且宣传能力对监督与维权意识的提升作用有限。权益型利益相关者在品牌治理中对交流环境因素的敏感性有所下降，却非常注重活动乐趣，同时，品牌情感也是维系该类参与者融入品牌治理的重要因素。总之，不同类型的利益相关者在品牌治理过程中参与因素的作用不同，参与表现与融入程度也各异。

6.8 本章小结

首先以预调查的形式回收前测问卷，通过分析小样本量信度与效度以及题项间的关系，为后续大范围的调查奠定了基础。正式调查之后，首先对大样本做了描述性统计分析，证明选取的样本可以为研究提供有效支持。然后评估了结构方程模型的有效性，进而对样本的信度与效度作出分析与检验。在样本合格的情况下，通过利益相关者参与和深化对品牌治理融入度的影响研究品牌治理过程。研究发现，交流环境、品牌情感、活动乐趣以及物质激励均对品牌治理中的认同意识与合作关系产生正向影响，劳动成本则产生负向影响，宣传能力能促进合作关系的改善，却会降低参与者对品牌治理的认同。认同意识会促进归属感的形成与加强可持续发展潜力，却降低监督与维权意识。合作关系对归属意识、监督与维权意识以及可持续发展潜力均有正向影响。为了进一步区分不同利益相关者种类在品牌治理中的特点，通过贝氏估计检验权益型、伙伴型与奉献型三类利益相关者，发现对于权益型利益相关者，在品牌治理中宣传能力的作用下降并且合作关系对品牌治理融入度影响有限；伙伴型利益相关者的认同意识无法提升监督与维权意识，合作关系也不能促进归属感的形成。奉献型利益相关者在品牌治理中，劳动成本的影响变得不再重要。

第 7 章　研究结论与政策建议

在品牌治理理论与实践飞速发展的今天，越来越多的学者与管理者意识到保障品牌化道路的健康对促进品牌共建进而实现品牌价值提升的意义。本文通过经济学范式的推导探索了利益相关者参与品牌共建的影响因素并创新性提出品牌治理融入度，沿着“如何吸引利益相关者参与品牌共建？”“如何深化品牌共建？”“如何评鉴品牌共建中的治理水平？”这一过程，将利益相关者参与的影响因素、品牌共建与治理的深化因素以及品牌治理融入度因素串联起来，形成对品牌治理研究的逻辑思路，通过理论演绎、数理推导以及实证分析等研究方法的结合，较为系统地研究并分析了品牌治理的形成、发展与结果。在本章会根据前文分析与实证结果讨论研究的最终发现以及在理论与实践中的启示，同时也对研究中的局限于不足作出说明，为后续研究提供方向与建议。

7.1 研究结论与理论启示

7.1.1 研究结果与讨论

本文通过第三、四、五章确立了研究的变量并构建研究模型，在第六、七章通过实证分析验证了模型与假设，并分析了品牌治理效果形成机理。研究证实了品牌共建中的认同意识与合作关系两条路径对品牌治理的深化作用，同时探索了品牌治理参与因素如何通过两条深化路径调整参与者行为并最终融入品牌治理的过程中。在本研究中，通过经济学范式的推导将品牌治理参与因素的范围定义为交流环境、品牌情感、活动乐趣、物质激励、劳动成本与宣传能力六项。同时以归属意识、监督与维权意识以及可持续发展潜力作为测量品牌治理融入度的指标。将认同意识与合作关系视为沟通品牌治理参与因素与品牌治理融入度的桥梁，通过调整品牌治理参与因素形成利益相关者的认同意识和改善合作关系，并随着认同意识的提升与合作关系的优化，进一步影响利益相关者在品牌治理过程中的表现与融入。为了获得更精确的研究结果，本文将利益相关者分为奉献型、权益型与伙伴型三类，并分别加以研究，主要结论如下：

（1）多元利益相关者在品牌治理中表现存在差异

不同利益相关者在品牌治理中的诉求不同，参与方式各异，谈判能力也有差距，因此在品牌治理中表现也并不相同。对于奉献型利益相关者，无论如何改变品牌治理参与因素中的劳动成本，都不能显著影响参与者的认同意识与合作关系，也就更谈不上通过改变劳动成本提高参与者对品牌治理的融入度。这是由于该类利益相关者对品牌情感较强，具有奉献精神，因此往往并不在乎品牌治理中的付出。另一方面，在由权益型利益相关者构成的品牌治理中，宣传能力的作用变得可有可无，同时劳动成本也不能影响参与者对合作关系的感知。并且，也无法通过合作关系调节该类型参与者的监督与维权意识以及可持续发展潜力。最后，对于伙伴型的利益相关者，宣传能力的提升虽然可以改善参与者在品牌共建中的合作关系，却无法形成认同意识，而且认同意识也无法促进监督与维权意识的产生，同时合作关系的改善并不能为参与者带来归属感。根据三类利益相关者分组验证的结果发现多元利益相关者在品牌治理中对参与因素的感知不同，融入表现也存在差异。

（2）品牌治理参与因素与认同意识的关系

品牌治理参与因素体现了利益相关者的基本诉求，对品牌共建参与者形成认同意识具有重要的意义。根据总样本分析，交流环境因素对认同意识的影响最强，其次是活动乐趣因素，品牌情感与物质激励因素也存在显著的正向影响。但是，劳动成本与宣传能力因素对认同意识存在负向作用。该结论说明，交流环境、活动乐趣、品牌情感与物质激励四个因素可有效促进认同意识的形成与深化，而劳动成本与宣传能力因素却会抑制认同意识的形成。另一方面，这一结论受到利益相关者类型的调节，如在权益型利益相关者参与的品牌治理中，活动乐趣代替交流环境成为对认同意识最重要的影响因素。值得注意的是宣传能力因素，在权益型与伙伴型利益相关者构成的品牌治理过程中，均未通过检验，说明对于这两种参与者宣传能力不能影响到认同意识的形成。品牌治理参与因素对认同意识的影响，体现对品牌治理参与动机与认同意识形成条件的研究，同时也为通过认同意识深化品牌治理并提高参与者在品牌治理中的融入与表现奠定了基础。

（3）品牌治理参与因素对合作关系的影响

品牌治理参与因素同样会对品牌共建过程中的合作关系产生影响，并进一步影响参与者在品牌治理中的表现与融入程度。根据总样本分析，交流环境、活动乐趣、品牌情感、物质激励以及物质激励五个因素都可以促进合作关系的改善，从而形成和谐、信任的合作氛围。其中，交流环境与活动乐趣的作用最显著，然而劳动成本却会反向影响合作关系，也就是说在大样本的条件下，随着品牌治理参与者付出的劳动越多，其与品牌拥有公司以及其他参与者间的关系越差。品牌治理参与因素对合作关系的影响也受到参与利益相关者类型的调节，伙伴型利益相关者在形成与发展合作关系时，受到六种品牌治理因素的影响，且影响关系与能力与大样本测量结果一致，然而权益型利益相关者对宣传因素与劳动成本的感知就不显著，奉献型利益相关者所形成的合作关系中对劳动成本的感知不显著。针对品牌治理参与因素与合作关系的研究，主要为了探索品牌共建中通过治理形成与优化利益相关者合作关系的条件，同时也为通过合作关系深化品牌治理并提高参与者在品牌治理中的融入与表现奠定了基础。

（4）认同意识与品牌治理融入度的关系

本文选取归属意识、监督与维权意识以及可持续发展潜力作为衡量参与者融入品牌治理程度的测量指标，因此探索认同意识与品牌治理融入度的关系就是分析认同意识对归属意识、监督与维权意识以及可持续发展潜力的影响。根据总样本分析，认同意识对归属意识以及可持续发展潜力的促进作用非常显著，然而却会负向影响监督与维权意识的形成与深化。认同意识对归属意识以及可持续发展潜力的正向作用受品牌治理参与者类型的影响不大，不论由何种类型利益相关者构成的品牌治理中，认同意识都能较好地促进参与者深化归属意识与品牌共建可持续发展潜力。然而，值得注意的是在不同参与者类型构成的品牌治理中，认同感对监督与维权意识的影响变化很大，在权益型利益相关者中，认同感会促进监督与维权意识的形成与发展。在伙伴型利益相关者构成的品牌治理中，这一关系变得不再显著。对于奉献型利益相关者，认同意识会反向影响其监督与维权意识。因此，在通过认同意识深化品牌治理提升参与者表现时，不仅需要考虑认同意识对归属意识以及可持续发展潜力的促进作用，还应考虑到不同参与者构成的条件下，认同意识对监督与维权意识影响的差别性。

（5）合作关系对品牌治理融入度的影响

品牌共建中的合作关系是深化品牌治理，提高参与者融入品牌治理过程的另一条路径。对合作关系与品牌治理融入度的探索有助于发现在合作关系的作用下利益相关者在品牌治理中的表现。根据总样本分析的结论，合作关系对归属意识、监督与维权意识以及可持续发展潜力均有促进作用，特别是对监督与维权意识的影响较大。然而，一般情况下，合作关系对归属意识及可持续发展潜力的影响均小于认同意识对这两个因素的影响，并且合作关系的作用会受到品牌治理参与者构成的调节。在权益型利益相关者中，合作关系仅对归属意识产生正向作用，无法显著地促进监督与维权意识以及可持续发展潜力的形成。而对于伙伴型利益相关者合作关系的作用对象正好相反，虽然可以促进监督与维权意识以及可持续发展潜力的形成与发展，却不能显著作用于归属意识。对于奉献型利益相关者，合作关系则对品牌治理融入度的各项指标均有促进作用。值得注意的是相比于认同意识，合作关系通常对监督与维权意识的影响较大，是提升品牌健康发展的有效手段。综上所述，虽然合作关系可提升品牌治理融入度，特别是对监督与维权意识的提升，但仍然应首先考虑品牌治理参与对象的构成，以免出现指导性的失误。

（6）品牌治理参与因素与品牌治理融入度

品牌治理参与因素体现利益相关者参与品牌治理的诉求，同时也是影响品牌治理深化两条路径的基础条件，通过认同意识与合作关系两条路径提升参与者在品牌治理中参与积极性与合作表现，并最终实现利益相关者对品牌治理的融入。根据对总样本的研究发现交流环境对促进利益相关者融入品牌治理作用最大，劳动成本会反向影响品牌治理融入度，宣传能力可以有效提升监督与维权意识，却会微弱地反向影响其他品牌治理融入度因素。然而不同利益相关者构成的品牌治理存在显著差异，伙伴型与总样本较为相似，只是宣传能力对归属意识影响不显著，且对可持续发展潜力存在较小正向影响。在权益型利益相关者中，交流环境的影响力下降，活动乐趣成为最强的影响因素，同时宣传能力对品牌治理融入度的影响不再显著。最后对于奉献型，品牌情感的影响能力上升，且劳动成本的影响变得不显著。

7.1.2 研究的理论启示

本文以深化品牌治理的路径为桥梁，将品牌治理参与因素与品牌治理评价体系串联起来形成研究框架。在一定程度上可以将前人对品牌治理的研究吸纳到本研究框架之中，对系统地研究品牌治理具有重要的推动作用。同时，以品牌治理融入度作为观测品牌治理表现的衡量体系，克服前人研究中以单纯品牌价值提升作为衡量指标的弊端，得出一些有意义的结论，其学术价值与启示主要体现在以下五个方面：

（1）探索品牌治理的参与因素，构建品牌治理行为研究的起点

不少学者虽然对品牌治理的参与因素作出研究，却往往仅从某个擅长的领域入手，如 Hatch 与 Schultz（2010）提出的联通性与公司自我暴露程度，王海忠（2009）提出的影响力等，难以将研究成果放入统一框架，更不能同时对利益相关者加入品牌治理后的行为进行分析。本研究较为系统地分析了利益相关者参与品牌治理的影响因素。一方面从参与者的合作诉求入手，研究品牌治理形成的动机，并依托于利益相关者诉求探索影响其参与的各种因素，为分析与解释利益相关者在品牌治理中的行为与表现创造了条件；另一方面采用了经济学范式推导的方法初步确立品牌治理的参与因素，不仅保证了因素提取过程的科学性与完整性，也为未来进一步吸收他人在该方面的有效新成果作出了准备。在本研究中品牌治理的参与因素最终被确立为包含了六个方面，分别是交流环境、品牌情感、活动乐趣、物质激励、劳动成本与宣传能力，并都通过了总样本的实证检验，不仅确保了品牌治理参与因素的有效性，也揭示了利益相关者诉求对其参与品牌治理中的行为和表现的影响，以及品牌治理形成与发展的原因。本文对品牌治理参与因素的研究，为今后进一步挖掘新参与因素奠定了基础，为后续品牌治理行为研究提供了可借鉴的道路。

（2）提出品牌治理融入度的概念，优化品牌治理效果度量过程

以往研究多以对品牌价值的提升作为衡量品牌治理效果的标准，忽略了品牌治理对保障品牌健康发展的作用；也有少部分学者以利益相关者满意程度等因素作为观测品牌治理效果的指标，虽然强调了品牌共建过程的合规与合理原则，却无法体现品牌治理对提升长期品牌价值的推动作用。本文首次

提出品牌治理融入度的概念，并通过品牌治理融入度内三个二级指标，归属意识、监督与维权意识、可持续发展潜力将品牌治理对品牌共建过程的保障作用进行测量，将品牌治理中对品牌价值提升的作用与维护品牌健康发展的能力合二为一，优化了品牌治理效果度量的指标体系。另一方面，由于品牌治理融入度强调多元利益相关者在品牌治理中的表现，通过观察利益相关者是否尽到应尽的义务、承担该承担的责任、获得属于自己的权益，来度量品牌治理效果，所以反映了一种连续的状态。也就是说以品牌治理融入度测量品牌治理效果不仅体现了对效率与公平的结合，同时也使测量方向更侧重于品牌治理过程而非简单的品牌治理结果。品牌治理融入度研究框架的提出优化了品牌治理的衡量体系，也为以后品牌治理效果研究指明了新的思路。

（3）根据品牌治理深化路径构建模型，保证品牌治理研究的系统性

前人对品牌治理的研究较为分散，不少学者从界定、参与因素、合作机制以及评价手段等多方面对品牌治理展开了研究，然而研究目标不一，研究结论也各异，难以形成统一的认识，并且当前对品牌治理的研究通常更依赖于理论分析与学者的个人感受，缺乏对研究结论的实证检验，不但造成研究的系统性不足，更降低了研究的说服力。本文以品牌治理的发展衍化为研究框架，将利益相关者加入品牌治理时的基本诉求为研究的出发点，通过参与者的诉求探索品牌治理的参与因素并挖掘品牌治理的深化过程，以品牌共建中的认同感与合作关系为促进利益相关者深入品牌治理的手段，最终通过品牌治理融入度揭示了品牌治理的效果。另一方面，以实证方法与手段验证了该研究框架，从而确保了研究的有效性。简单来说，本研究以品牌治理的形成为研究起点，以品牌治理的深化为研究过程，将研究终点设立为通过品牌治理融入度对品牌治理效果的度量，构建了完整的品牌治理研究路径，保障了品牌治理研究的完整性与系统性，为后续的品牌治理研究者提供一个框架性的指导思路，具有较强的借鉴意义。

（4）以合作过程为导向，突出品牌治理的动态性

首先选取品牌治理研究的对象体现了动态性。不论是六个品牌治理参与因素还是三个品牌治理融入度因素都体现了利益相关者参与品牌治理中的一系列连续状态，而不是某种结果，因此研究是以品牌治理过程为导向，突出利益相关者在品牌治理中的发展与演变，体现了对品牌治理研究对象分析的

动态性。另一方面，研究的过程也体现了动态性。本文首先考虑通过品牌治理参与因素不断深化品牌治理的动态过程，将品牌治理的发展与深化视为随利益相关者诉求被满足而不断变化的过程。其次，以利益相关者的参与与融入的加深衡量品牌治理效果的深化与表现，体现品牌治理发挥作用并不是一蹴而就，而是不断加深的过程。传统研究多以静态分析为主，学者们以品牌治理外在表现的某种结果刻画品牌治理的发展与变化，以期探索品牌治理的内在关系与状态。然而，静态分析往往忽略了品牌治理由内而外的深化趋势，无法真正挖掘品牌治理发展的原因以及变化的动力。本文以品牌治理的利益相关者参与与合作的过程为导向，突出对品牌治理动态性的研究，不仅有利于把握品牌治理演变的关键环节，还可以更深刻地揭示品牌治理产生作用的原因。

（5）揭示不同参与者在品牌治理中的特点，反映品牌治理的多样性

在品牌治理研究中，前人多将利益相关者视为一个整体对象，没有考虑对其分类。虽然 Gregory（2007）与 Jurgens 等人（2010）也对利益相关者作出了初步划分，但划分标准较为模糊，且也没有进一步对划分作出检验[①②]。然而，利益相关者在品牌治理中确实呈现出显著的不同，本文实证分析也验证了这一观点。因此，在具体研究品牌治理时，应根据利益相关者本身的特点与性质对其进行分类，以期揭示不同类型的利益相关者在品牌治理中的表现差异以及品牌治理落实手段的多样性。本研究根据利益相关者对品牌情感与影响力的差别，以二维四分法将利益相关者划分为备用型、奉献型、权益型与伙伴型四类，并着重分析与验证了其中后三类对品牌治理的发展起到关键作用的利益相关者类型。研究发现三类利益相关者在品牌治理中的诉求与参与因素存在明显差异，在品牌治理中的表现也不尽相同，影响其融入品牌治理的方式与手段也呈现不同的特点，所以未来研究应注重对品牌治理实施手段差别化以及多样性的研究，利益相关者分类无疑为探索多种品牌治理实现模式提供了重要思路。

① Gregory A. Involving Stakeholders in Developing Corporate Brands: the Communication Dimension [J]. Journal of marketing management, 2007, 23 (1-2): 59-73.

② Jurgens M, Berthon P, Papania L, et al. Stakeholder theory and practice in Europe and North America: The key to success lies in a marketing approach [J]. Industrial Marketing Management, 2010, 39 (5): 769-775.

7.2 政策与建议

品牌治理是基于品牌利益相关者形成的新型理论，是西方市场发展到一定阶段的产物。中、西方文化与市场的差异使得我国品牌结构、顾客、其他利益相关者具有自己的特点，且我国品牌共建行为仍处于起步阶段。因此，以中国独有的国情与市场特点为出发点，为我国公司的品牌治理发展之路提出以下几点可供借鉴的建议。

（1）交流环境与物质激励之争，品牌治理的投资方向

品牌治理与品牌管理不同，其主要投资目的是吸引更多的利益相关者参与品牌治理的过程，通过焦点利益相关者在品牌价值网络中的辐射作用，带动品牌价值的健康提升。通常，对于品牌拥有公司来说，投资的主要方向分为两种：一种是通过提供资金完善利益相关者的交流环境，增加公司与利益相关者间的连通性，从而实现吸引参与者的目的；另一种方式为通过直接物质激励刺激利益相关者参与的积极性。根据研究结论两种方式均能显著提升利益相关者对品牌治理的融入程度，且各有优势，交流环境投资方案强调公司与利益相关者间的联系，胜在效果持久；物质激励投资方案胜在过程直接并且效果立竿见影。然而，公司往往受到品牌发展预算的刚性制约，必须对两种投资方式进行平衡。通过参与品牌治理的影响因素到品牌治理融入度的间接效果发现，一般情况下品牌治理中利益相关者对交流环境的感知要高于物质激励，因此投资应偏向于交流环境的建设。值得注意的是这一结果可能是因为研究对象的基数较大，分散了物质激励的效果，因此还应对涉及的利益相关者数量加以考虑，比如当参与者数目众多时倾向于投资环境建设，当参与者数目较少，则可以选择直接物质激励。

（2）以乐趣为重点，培养品牌情感

经研究发现活动乐趣与品牌情感在三种利益相关者构成的品牌治理中均可促进对品牌治理的加深与融入。在实务层面，许多公司也意识到这一点，为增加参与者乐趣并培养品牌情感不惜投入大量的时间、金钱成本，比如开设以提高顾客兴趣的产品体验店、品牌推介活动中与代言人的互动娱乐环节等。然而，我国本土公司在西方较为先进公司品牌治理策略的基础上借鉴了不少成功经验，却往往流于形式，未能真正体现以利益相关者为品牌治理核

心的活动乐趣创造与品牌情感培养。以体验店为例，体验店的本质是为顾客自由地提供产品体验的销售网点，通过产品体验提高品牌情感。虽然很多国内家电公司也通过学习苹果等公司开设了体验店，但并没有贯彻体验店的核心理念，无法使顾客无时间限制地自由体验各种产品，导购员看似积极热情的服务实际上限制了顾客在体验店的自由，形成了无形的逼迫式购买压力，降低了体验中的乐趣，更削弱了顾客对品牌的感情。因此，未来我国本土公司品牌共建与治理的重点在于创造以利益相关者为核心的品牌活动乐趣，并通过活动乐趣产生的愉悦合作体验进而培养对品牌的情感，最终吸纳更多的利益相关者更深层次加入品牌治理的过程。

（3）降低劳动强度，提高合作积极性

劳动成本因素是指利益相关者在品牌治理中因提供劳动而付出的成本，是影响利益相关者参与品牌治理的重要因素之一。根据检验结果发现劳动成本对除了奉献型以外利益相关者深化与融入品牌治理都有显著的负向作用。简单来说，劳动成本的增加会提高利益相关者参与品牌治理合作的门槛。因此，降低劳动成本是有效提高利益相关者参与积极性的重要手段，而通常品牌拥有公司不会选择减少合作次数降低劳动成本，因为该行为会弱化公司与利益相关者间联系，违背品牌治理的初衷，所以降低每次合作中的劳动强度无疑是更明智的选择。以权益型利益相关者参与的品牌治理为例，品牌拥有公司提供信息的准确性与及时性会明显影响到参与者收集信息的工作量，也就是说当公司信息披露的透明度越高，权益型参与者的劳动强度越小，从而提高其对品牌治理参与并融入的积极性。总之，品牌拥有公司在设计品牌共建活动与品牌治理行为规范时应考虑利益相关者对付出劳动成本的接受能力，并通过提供各种便利条件降低参与者在合作中的劳动强度，以达到吸引利益相关者参与品牌治理的目的。

（4）挖掘参与者的宣传能力，正确实现品牌杠杆

宣传能力在不同利益相关者参与的品牌治理中的作用较为复杂，但不可否认的是宣传能力对传播品牌信息具有重要的作用。借助利益相关者的宣传渠道与能力实现品牌信息的传播，形成了撬动品牌价值的杠杆。因此，挖掘品牌治理参与者的宣传能力对提升品牌价值具有积极的促进作用。另一方面，根据研究检验结果，对于大部分利益相关者来说，宣传能力还是提高参与者

监督与维权意识的最有效手段。通常能力越大，责任也越大。在品牌治理的过程中，参与者的宣传能力越高，就越有责任去监督与维护品牌共建过程的健康与稳定。并且，随着宣传能力的提高，参与者在品牌共建与治理中的地位也得到有效提升，品牌拥有公司与其他利益相关者也害怕参与者通过其本身自有的宣传渠道传播品牌或利益相关者的负面信息，从而对品牌共建中不道德行为起到了约束作用。综上所述，挖掘利益相关者在品牌治理中的宣传能力不仅有利于品牌价值的提升与创造，还有效地保护了品牌发展过程的健康程度，合规、合理地实现了利益相关者作为品牌杠杆的作用。

（5）加强外部监督与约束，拒绝违规合谋

在对品牌治理研究的实证检验中发现在由大部分利益相关者构成的品牌治理中存在一个有意思的现象，即参与者对品牌共建的认同越高，他们的监督与维权意识反而会越低。造成这一现象的原因多种多样，可能是认同感促进了信任，使参与者觉得监督与维权不再重要。但另一种原因则指向了利益相关者与品牌拥有公司间的合谋。高度的认同感降低了监督与维权意识，当并不会损害自身利益时，参与者往往选择漠视违规行为，为合谋创造了便利条件，而从品牌拥有公司角度，当合谋可以带来丰富回报时，则产生通过合谋侵占他人权益的动机。这是由经济人假设下品牌共建本身性质决定，是品牌共建中不可调和的产物，也是无法从品牌共建内部解决的弊端。根据品牌治理研究发现提高参与者的监督与维权意识是克制违规合谋的有效手段，而引入权益型利益相关者则是提升参与者监督与维权意识最有效手段，因为权益型利益相关者构成的品牌治理中，认同感不仅不会降低监督与维权意识，反而会使其显著提升，因此，通过权益型利益相关者加强外部监督与约束是拒绝违规合谋提高品牌发展健康程度的重要力量。

（6）建立品牌形象防御机制，抵御未知风险

认同感会降低利益相关者在品牌治理过程中的监督与维权意识，在一定程度上体现随着认同意识的提升，品牌共建与治理的参与者对品牌负面信息的抑制与漠视。虽然本文不提倡降低监督与维权意识以使品牌拥有公司获得更多的品牌发展自由，因为该行为可能会引发侵占他人权益或合谋等一系列短视的后果，但是依托于参与者对品牌负面信息的抑制与漠视却可以构建品牌形象防御机制，以抵御恶性竞争与未知风险。因为当品牌遭到诋毁或抹黑

时，最先发起反击的正是对该品牌认同的利益相关者。回顾近几年来我国品牌形象恶意竞争的案例，从伊利蒙牛事件，到腾讯与360之争，再到360与搜狗风波，腾讯、360、搜狗等软件公司的处理手段与效果明显优于伊利、蒙牛的乳制品公司，因为这几家软件公司已经初步构建了基于利益相关者的品牌形象防御机制，一旦出现形象问题，立即发动全部支持本品牌的利益相关者作出反击，恢复公司名誉，挽回品牌形象，其效果远高于伊利、蒙牛等公司的召开用于澄清事实的新闻发布会。因此，在品牌形象竞争日趋激烈的中国，通过品牌治理构建品牌形象防御机制，是维护品牌发展的必由之路。

（7）因人而异，设置差别化品牌治理政策

通过实证分析可以发现，品牌治理参与者构成会严重影响品牌治理参与因素在促进利益相关者参与品牌治理过程中的表现，同时也对品牌治理中的表现与融入产生影响。究其根本原因，是不同利益相关者类型的参与者在品牌治理中关注的焦点不同，从而影响了他们的参与因素以及合作特点。因此，需要针对不同的利益相关者类型设计差别化的品牌治理政策，以期更好地吸引利益相关者参与品牌治理并提高他们的表现。奉献型利益相关者在品牌治理中，对物质激励因素的敏感性最低，且劳动成本作用不显著，所以对于奉献型利益相关者，应注重交流与合作乐趣的培养，在维持参与者品牌情感的条件下，进一步加强对品牌治理的融入。然而，对于权益型利益相关者，则应注重降低劳动成本与提高活动乐趣，将该类利益相关者吸引入品牌治理的过程。伙伴型利益相关者在参与品牌治理过程中，对物质激励的敏感性是三类利益相关者类型中最高的，所以对于伙伴型利益相关者则应适当地考虑物质激励，通过激励手段促进其加入品牌治理的合作过程。总而言之，应充分考虑到品牌治理参与者的特点，根据其诉求与表现，采取不同的政策，提高品牌治理的效率。

7.3 研究的局限性与今后的研究方向

品牌治理不论在我国还是国外都属于理论界研究的前沿，在2007年才被明确提出，并且作为公司治理与市场营销交叉领域的内容，在研究层面具有相当大的难度。当前学者对品牌治理的研究并没有公认的逻辑思路可依，都属于摸着石头过河的探索阶段。因此，不论在研究方法还是内容上不可避免地存在一定的欠缺。本文仅是初步构建了品牌治理研究的框架，尚有不少局限与不足，需要在今后研究中进一步完善与补充。

首先，需要更深入的研究方法。由于时间的限制，研究中多采用数理统计的分析方法对研究模型进行检验，如结构方程模型、因子分析等，缺乏对实践中品牌治理形成与发展过程的观察。数理统计分析方法难免会出现数据失真、数据挖掘深度不够等问题，采用实地调研无疑会弥补这些不足。另外，通过实地调研长时间地观察品牌治理运行过程，也可以更深刻地探索品牌治理过程中的各项规章制度的落实情况，为分析品牌治理运行机制与利益相关者融入表现奠定基础。本文虽然也采用了实地访谈等方法，但仅是作为确立实证研究数据中变量的准备工作，并没有真正将数据分析与实地调研有机地统一起来，未来研究应加强案例与访谈等方法在分析品牌治理运行过程中的比重，做到量化分析与质性研究的有机结合。

其次，需要对品牌治理研究框架进一步地补充与改进。本文仅是初步构建了品牌治理的研究框架，主要作用是理清了品牌治理从形成，到深化，再到效果测量的逻辑思路。该研究框架尚未达到完善的状态，不论是品牌治理参与因素还是品牌治理融入度都仍需要进一步的补充，如本文根据品牌治理在品牌共建中的作用将融入度定义为归属意识、监督与维权意识以及可持续发展潜力，未来需进一步补充测量品牌治理融入度的二级指标，从而实现较为全面与完善的品牌治理效果评价体系。品牌治理深化路径也需继续挖掘与深化，将品牌治理中激励、监督、约束等机制加入进去。

最后，研究对象也需继续补充与完善。研究中发现不同类型的利益相关者在品牌治理中的参与因素以及合作表现并不相同，因此将利益相关者进行分类。然而由于分类后样本量较少，仅在 200 个左右，所以选择贝氏估计法对数据进行检验与分析，未来应分别收集奉献型、权益型、伙伴型利益相关者类型的数据，消除因样本量带来的研究误差。同时，也可以考虑将备用型利益相关者纳入研究范畴，检验该类利益相关者是否真如理论分析所说对品牌治理发展的作用可以忽略。

参考文献

[1] Aaker J L. Dimensions of brand personality[J]. Journal of Marketing research, 1997, 34(3): 347–356.

[2] Agarwal R, Karahanna E. Time flies when you're having fun: cognitive absorption and beliefs about information technology usage [J]. MIS quarterly, 2000, 24 (4): 665–694.

[3] Algesheimer R, Dholakia U M, Herrmann A. The Social Influence of Brand Community: Evidence from European Car Clubs [J]. Journal of Marketing, 2005, 69 (3): 19 - 34.

[4] AMA. The definition of marketing [OL].2017–10–23 [2020–10–17] http: //www.doc88.com/p–7814943884117.html.

[5] Armstrong G, Kotler P. Marketing: An Introduction [M]. Upper Saddle River, NJ: Prentice Hall, 2006.

[6] Bagozzi R P, Dholakia U M. Intentional social action in virtual communities [J]. Journal of interactive marketing, 2002, 16 (2): 2–21.

[7] Bagozzi R P, Dholakia U M. Antecedents and purchase consequences of customer participation in small group brand communities [J]. International Journal of Research in Marketing, 2006, 23 (1): 45–61.

[8] Ballantyne D Aitken R. Branding in B2B Markets: Insights From the Service–Dominant Logic of Marketing [J]. Journal of Business and Industrial Marketing, 2007, 22 (6): 363 - 371.

[9] Bentler P M, Chou C P. Practical issues in structural modeling [J]. Sociological Methods & Research, 1987, 16 (1): 78–117.

[10] Berthon P, et al. Does brand meaning exist in similarity or singularity [J] ? Journal of Business Research, 2009, 62 (3): 356 - 361.

[11] Bhattacharya C B, Rao H, Glynn M A. Understanding the bond of identification: An investigation of its correlates among art museum members [J]. The Journal of Marketing, 1995, 59 (4): 46–57.

[12] Bhattacharya C B, Sen S. Consumer–company identification: a framework for understanding consumers' relationships with companies [J]. Journal of marketing, 2003, 67 (2): 76–88.

[13] Bijmolt T H A, Atribo J, Torres L A. Generating Global Brand Equity through Corporate Social Responsibility to Key Stakeholders [R]. University of Groningen, Research Institute

SOM（Systems，Organisations and Management），2010.

［14］Brodie R J. From Goods to Service Branding：An Integrative Perspective. Marketing Theory［J］，2009，9（1）：103 - 107.

［15］Brodie R J，Whittome J R M，Brush G J. Investigating the Service Brand：A Customer Value Perspective［J］. Journal of Business Research，2009，62（3）：345 - 355.

［16］Brown S，Kozinets R V，Sherry J F，Jr. Teaching Old Brands New Tricks：Retro Branding and the Revival of Brand Meaning［J］. Journal of Marketing，2003，67（3）：19 - 33.

［17］Carlson B D，Suter T A，Brown T J. Social versus Psychological Brand Community：The Role of Psychological Sense of Brand Community［J］，Journal of Business Researeh，2008，61（4）：284–291.

［18］Decker O S. Corporate Social Responsibility and Structural Change in Financial Services［J］. Managerial Auditing Journal，2004，19（6）：712 - 728.

［19］Devasagayam P R，buff C L A. Multidimensional Conceptualization of Brand Community：An Empirical investigation［J］. Sport Marketing Quarterly，2008，17（1）：20–29.

［20］Dholakia U M，Bagozzi R P，Lisa K P. A Social Influence Model of Consumer Participation in Network and Small–Group–Based Virtual Communities［J］，International Journal of Researeh in Marketing.2004，21（3）：241–263.

［21］Du S，Bhattacharya C B，Sen S.Maximizing business returns to corporate social responsibility（CSR）：The role of CSR communication［J］. International Journal of Management Reviews，2010，12（1）：8 - 19.

［22］Duncan T R，Moriarty S E. Driving brand value：Using integrated marketing to manage profitable stakeholder relationships［M］. New York：McGraw–Hill，1997.

［23］Fournier S. Consumers and their brands：developing relationship theory in consumer research［J］. Journal of consumer research，1998，24（4）：343–353.

［24］Fournier S and Lee L. Getting brand communities right［J］. Harvard Business Review，2009，87（4）：105–111.

［25］Fuller J. Virtual co–creation of new products and its impact on consumers' product and brand relationships［C］. In Academy of Management Annual Meeting Proceedings，Montreal，2010.

［26］Gobe M. Emotional Branding：The new Paradigm for Connecting Brands to People［M］. New York：Allworth Press，2001.

［27］Gobe M. Emotional Branding，Revised Edition：The New Paradigm for Connecting Brands to People［M］. Random House Digital，Inc.，2010.

［28］Gregory A. Involving Stakeholders in Developing Corporate Brands：the Communication Dimension［J］. Journal of marketing management，2007，23（1–2）：59–73.

［29］Guinn M. and Devasagayam R. Building brand community among ethnic diaspora in the USA：

Strategic implications for marketers [J].Journal of Brand Management, 2005, 13 (2): 101-114.

[30] Ha L, James E L. Interactivity reexamined: A baseline analysis of early business web sites[J]. Journal of Broadcasting & Electronic Media, 1998, 42 (4): 457-474.

[31] Harwood T and Garry T. 'It's Mine ! ' - Participation and ownership within virtual co-creation environments [J]. Journal of Marketing Management, 2010, 26 (3-4): 290-301.

[32] Hatch M, Schultz M. Of bricks and brands. From corporate to enterprise branding [J]. Organizational Dynamics, 2009, 38 (2): 117 - 130.

[33] Hatch M, Schultz M. Toward a theory of brand co-creation with implications for brand governance [J]. Journal of Brand Management, 2010, 17 (8): 590-604.

[34] Helm C and Jones R. Brand governance: The New Agenda in brand management [J]. Journal of Brand Management, 2010, 17 (8): 545-547.

[35] Holbrook M. Consumer value: a framework for analysis and research [M]. Routledge, 2002.

[36] Howe J. Crowdsourcing: Why the Power of the Crowd is Driving the Future of Business [M]. New York: Crown Publishing Group, 2008.

[37] Iansiti M and Levien R. Strategy as Ecology [J]. Harvard Business Review, 2004, 82 (3): 68 - 78.

[38] Ind N and Bjerke R. Branding Governance [M]. London: Wiley&Sons, 2007.

[39] Ind N and Bjerke R. The concept of participatory market orientation: An organisation-wide approach to enhancing brand equity [J]. Journal of Brand Management, 2007, 15 (2): 135-145.

[40] Jackson B B. Winning and keeping industrial customers: The dynamics of customer relationships [M]. Lexington, MA: Lexington Books, 1985.

[41] Jones R. Finding sources of brand value: Developing a stakeholder model of brand equity[J]. The Journal of Brand Management, 2005, 13 (1): 10-32.

[42] Jurgens M, Berthon P, Papania L, et al. Stakeholder theory and practice in Europe and North America: The key to success lies in a marketing approach [J]. Industrial Marketing Management, 2010, 39 (5): 769-775.

[43] Kohler T, Fueller J, Stieger D, Matzler K. Avatar-based innovation: Consequences of the virtual co-creation experience [J]. Computers in Human Behavior, 2011, 27 (1): 160-168.

[44] Kolk A, Pinkse J. Stakeholder mismanagement and corporate social responsibility crises [J]. European Management Journal, 2006, 24 (1): 59-72.

[45] Kotler P. Marketing management: The millennium edition [M]. Upper Saddle River, NJ: Prentice-Hall, 2000.

[46] Kotter J P. The psychological contract: Managing the joining-up process [J]. California

management review, 1973, 15（3）: 91–99.

[47] Kucherov D, Zavyalova E. HRD practices and talent management in the companies with the employer brand [J]. European Journal of Training and Development, 2012, 36（1）: 86–104.

[48] Lee J E, Han H R, Song H. Correlates of self–care behaviors for managing hypertension among Korean Americans: A questionnaire survey [J]. International journal of nursing studies, 2010, 47（4）: 411–417.

[49] Loehlin J C. Genes and environment in personality development [M]. Sage Publications, Inc, 1992.

[50] Lusch R F, Vargo S L. Service–dominant logic: reactions, reflections and refinements [J]. Marketing theory, 2006, 6（3）: 281–288.

[51] Madhavaram S, Badrinarayanan V, McDonald R E. Integrated marketing communication（IMC）and brand identity as critical components of brand equity strategy: A conceptual framework and research propositions [J]. Journal of Advertising, 2005, 34（4）: 69–80.

[52] Madupu V. Online brand community participation: Antecedents and consequences [M]. ProQuest, 2006.

[53] McAlexander J H, Schouten J W, Koenig H F. Building brand community [J]. The Journal of Marketing, 2002, 66（1）: 38–54.

[54] McMillan D W, Chavis D M. Sense of community: A definition and theory [J]. Journal of community psychology, 1986, 14（1）: 6–23.

[55] Merz M A, He Y, Vargo S L. The evolving brand logic: a service–dominant logic perspective [J]. Journal of Academy of Marketing Science, 2009, 37（3）: 328–344.

[56] Muniz A M Jr, Albert M, O'Guinn T C. Brand Community [J]. The Journal of Consumer Research, 2001, 27（4）: 412 - 432.

[57] Muniz A M Jr, Albert M, Schau H J. Religiosity in the Abandoned Apple Newton Brand Community [J]. The Journal of Consumer Research, 2005: 31（4）: 737 - 747.

[58] Nyadzayo M W et al. Brand relationships and brand equity in franchising [J]. Journal of Industrial Marketing Management, 2011, 40（7）: 1103–1114.

[59] Payne A, Storbacka K, Frow P. Co–creating brands: diagnosing and designing the relationship experience [J]. Journal of Business Research, 2009, 62（3）: 379–389.

[60] Prahalad C K, Ramaswamy V. Co–creation experiences: The next practice in value creation [J]. Journal of interactive marketing, 2004, 18（3）: 5–14.

[61] Pritchard M. Digital Marketing is Dead [R]. Dmexco, German: K？ ln, 2013.

[62] Punjaisri K, Evanschitzky H, Wilson A. Internal branding: an enabler of employees' brand–supporting behaviours [J]. Journal of Service Management, 2009, 20（2）: 209–226.

[63] Ramaswamy V, Gouillart F. The Power of Co–Creation: Build It with Them to Boost Growth,

Productivity and Profits [M]. New York: The Free Press, 2010.

[64] Ramaswamy V, Gouillart F. Building the co-creative enterprise [J]. Harvard business review, 2010, 88 (10): 100–109.

[65] Schau H J, Muniz Jr A M, Arnould E J. How Brand Community Practices Create Value [J]. Journal of Marketing, 2009, 73 (5): 30–51.

[66] Schmallegger D, Carson D. Blogs in tourism: Changing approaches to information exchange [J]. Journal of vacation marketing, 2008, 14 (2): 99–110.

[67] Schouten J W, McAlexander J H, Koenig H F. Transcendent Customer Experience and Brand Community [J]. Journal of the Academy of Marketing Science, 2007, 35 (3): 357 - 368.

[68] Sen S, Bhattacharya C B, Korschun D. The role of corporate social responsibility in strengthening multiple stakeholder relationships: a field experiment [J]. Journal of the Academy of Marketing science, 2006, 34 (2): 158–166.

[69] Swaminathan V, Page K L, G ü rhan - Canli Z. "My" Brand or "Our" Brand: The Effects of Brand Relationship Dimensions and Self - Construal on Brand Evaluations [J]. Journal of Consumer Research, 2007, 34 (2): 248–259.

[70] Torres A, Bijmolt T H A, Trib ó J A, et al. Generating global brand equity through corporate social responsibility to key stakeholders [J]. International Journal of Research in Marketing, 2012, 29 (1): 13–24.

[71] Tsai H T et al. Brand Community Participation: Examining the Roles of Individual–, Group–, and Relationship–level Antecedents [J]. Journal of Business Research, 2012, 65 (5): 676–684.

[72] Underhill R W. Who's governing the brand ? [J] Marketing Mindset, 2001, 25 (4): 13–13.

[73] Vargo S L, Lusch R F. Evolving to a New Dominant Logic for Marketing [J]. Journal of Marketing, 2004, 68 (1): 1 - 17.

[74] Vargo S L and Lusch R F. Service–Dominant Logic: Continuing the Evolution. Journal of the Academy of Marketing Science, 2008, 31 (1): 1 - 10.

[75] Veloutsou C, Moutinho L. Brand relationships through brand reputation and brand tribalism [J]. Journal of Business Research, 2009, 62 (3): 314–322.

[76] Wang Y, Fesenmaier D R. Towards understanding members' general participation in and active contribution to an online travel community [J]. Tourism Management, 2004, 25 (6): 709–722.

[77] Woisetschlager D et al. How to Make Brand Communities Work: Antecedents and Consequences of Consumer's Participation [J]. Journal of Relationship Marketing, 2008, 7 (3): 237–256.

[78] Zwass V. Co–creation: Toward a taxonomy and an integrated research perspective [J].

International Journal of Electronic Commerce，2010，15（1）：11-48.
［79］陈培爱，李阿嫱．2012 年中国广告业发展综述——新媒体广告蓬勃发展成为今年新热点［J］. 编辑之友，2013（2）：48-51.
［80］范二平．品牌价值提升策略探讨［J］. 企业经济，2013（1）：21-24.
［81］高海霞．基于中外品牌比较的中国本土品牌培育策略［J］. 经济管理研究，2013（1）：49-53.
［82］何新宇，陈宏民．外部性，贴现因子与兼并动机［J］. 管理工程学报，2002，16（3）：9-11.
［83］侯杰泰，温忠麟，成子娟．结构方程模型及其应用［M］. 北京：教育科学出版社，2004.
［84］胡月．新媒体环境下中国广告业的发展现状及发展前景研究［J］. 科技资讯，2013（11）：248-248.
［85］姜林．贴现因子不同的劳动力市场博弈［J］. 成都信息工程学院学报，2002，17（2）：131-133.
［86］金立印．虚拟品牌社群的价值维度对成员社群意识、忠诚度及行为倾向的影响［J］. 管理科学，2007（2）：36-45.
［87］李纯青，徐寅峰．动态消费者选择模型及贴现因子的确定［J］. 管理科学学报，2005，8（3）：50-54.
［88］李怀组．管理研究方法论（第二版）［M］. 西安：西安交通大学出版社，2004.
［89］李维安，牛建波．CEO 公司治理［M］. 北京大学出版社，2011.
［90］李智娜．在线品牌社群中互动性对品牌忠诚度的影响研究［D］. 复旦大学，2011.
［91］刘怀伟．商务市场中顾客关系的持续机制研究［D］. 浙江大学，2003.
［92］刘琳琳．基于品牌关系的企业品牌建设支持系统构建［J］. 商场现代化，2011（12）：47-48.
［93］刘勇．品牌社群融入的测量 - 影响因素及其对品牌忠诚的影响研究［D］. 浙江大学，2009.
［94］刘志新．品牌情感定位与传播策略［J］. 企业改革与管理，2013（6）：70-72.
［95］马卫，方丽，屠建洲．从外包到众包的商业模式变革及启示［J］. 商业时代，2008，（1）：13-14.
［96］苏凇，孙川，陈荣．文化价值观、消费者感知价值和购买决策风格：基于中国城市化差异的比较研究［J］. 南开管理评论，2013，16（1）：102-109.
［97］谭婷婷，蔡淑琴，胡慕海．众包国外研究现状［J］. 武汉理工大学学报（信息与管理工程版），2011（2）：025.
［98］田虹，袁海霞．企业社会责任匹配性何时对消费者品牌态度更重要——影响消费者归因的边界条件研究［J］. 南开管理评论，2013，16（3）：101-108.
［99］王海忠．品牌杠杆：赢得品牌领导的资源整合战略［M］. 人民邮电出版社，2009.

[100] 王海忠，刘红艳. 品牌杠杆——整合资源赢得品牌领导地位的新模式 [J]. 外国经济与管理，2009（5）：23-29.
[101] 王启万，王兴元. 产业集群核心企业品牌生态位关键要素研究 [J]. 统计与决策，2013（5）：185-188.
[102] 王秋钰. 宝洁全球市场总监认为“数字营销”已死，真相是什么 [OL]. 2013-10-11 [2020-10-17] http：//www.huxiu.com/article/21276/1.html.
[103] 王彦勇，徐向艺. 国外品牌治理研究述评与展望 [J]. 外国经济与管理，2013，35（1）：29-36.
[104] 王彦勇，苏奕婷. 集团公司品牌管控模式研究——基于品牌治理与决策权配置模型的分析 [J]. 东岳论丛，2013（9），171-175.
[105] 王毅，王兴元. 广义品牌社群的形成与演进及其对企业管理策略的启示 [J]. 上海经济研究，2009（2）：125-131.
[106] 魏栓成. 众包的理念以及我国企业众包商业模式设计 [J]. 技术经济与管理研究，2010（1）：36-39.
[107] 吴明隆. 结构方程模型——AMOS 操作与应用 [M]. 重庆大学出版社，2009.
[108] 吴明隆. 结构方程模型：AMOS 实务进阶 [M]. 重庆大学出版社，2013.
[109] 吴鑫育，周海林，马超群. 基于随机贴现因子方法的权证定价研究 [J]. 中国管理科学，2012，20（4）：1-7.
[110] 薛海波. 品牌社群的组织界定与形成机理研究 [J]. 外国经济与管理，2011，33（10）：33-41.
[111] 薛海波. 品牌社群作用机理理论研究和模型构建 [J]. 外国经济与管理，2012，34（2）：50-57.
[112] 严浩仁. 试论顾客忠诚的影响因素与理论模型 [J]. 商业经济与管理，2005（4）：61-65.
[113] 姚伟坤，周梅华，张燚. 产业集群环境下的企业品牌纵向合作关系研究 [J]. 中国管理科学，2009，17（4）：84-90.
[114] 俞满娇. 西方品牌口号研究回顾与评析 [J]. 外国经济与管理，2013，35（3）：47-55.
[115] 曾晓洋. 基于消费者虚拟社区的营销管理研究综述与未来展望 [J]. 外国经济与管理，2011，33（11）：48-56.
[116] 邹德强，王高，赵平，王燕. 功能性价值和象征性价值对品牌忠诚的影响：性别差异和品牌差异的调节作用 [J]. 南开管理评论，2007，10（3）：4-12.
[117] 张洪吉，高磊，张红红. 品牌社群融入度对品牌忠诚影响的实证研究 [J]. 商业时代，2012（15）：34-35.
[118] 张辉，白长虹，郝胜宇. 品牌资产管理新视角——基于员工的品牌资产研究述评 [J]. 外国经济与管理，2011，33（9）：34-42.

［119］张婧，邓卉．品牌价值共创的关键维度及其对顾客认知与品牌绩效的影响：产业服务情境的实证研究［J］．南开管理评论，2013，16（2）：104–115.
［120］张晓霞．众包与外包商业模式比较及其启示［J］．商业时代，2010（016）：18–20.
［121］周志民．基于品牌社群的消费价值研究［J］．中国工业经济，2005（2）：103–109.
［122］周志民，李蜜．西方品牌社群研究述评［J］．外国经济与管理，2008（1）：46–51.
［123］朱新颖，高厚礼．众包模式下客户关系管理创新研究［J］．商业时代，2011（24）：33–34.

附　录

附录 1　调查问卷

山东大学　品牌治理研究 调查问卷

尊敬的女士 / 先生：

您好！

非常感谢您抽空填写本问卷，本问卷主要探索您对品牌治理环境的感知与作用。请就您的实际情况或实际感受予以回答，回答没有对错之分。问卷不记名，仅供研究使用，资料绝对保密，请放心回答。

您宝贵的资讯对本研究有莫大的帮助，占用您宝贵的时间，在此由衷地感谢您的参与及协助，并致以最深的祝福！

敬祝身体健康、万事如意！

联系人：山东大学管理学院　王彦勇（w2855@msn.com）

本问卷中提及的品牌社群指围绕某品牌形成的由品牌公司、顾客、广告公司等利益相关者构成的社群组织，其成员不仅包括由顾客组成的社交群体，如车友会、网络论坛等，也包括由承担品牌服务及推广责任的其他利益相关者形成的组织，如汽修厂、交通广播、广告公司等，还包括对品牌发展承担社会监督责任的政府职能部门及新闻媒体等成员。品牌活动也不仅指品牌公司与顾客开展的品牌活动，还包括该公司与其他公司基于协议的品牌合作推广活动。

第一部分：品牌社群感知

请就您参与的品牌社群，根据自己的实际，对下列问项打分

编号	问项	极不同意	不同意	较不同意	中立	有点同意	同意	非常同意
A1	合作成员间容易交流信息，并交换意见							
A2	能够跟其他成员分享彼此经验							
A3	能够将对品牌的意见与建议反馈给该公司							
A4	对参加品牌活动时的交流环境感到满意							
A5	参与品牌活动，使我得到更多优惠机会							
A6	您在品牌活动中的努力有明显的物质回报							
A7	品牌所属公司对我参与品牌活动提供物质激励，如合作金、奖金等							
A8	有关品牌的一些活动很有趣							
A9	有关品牌的一些活动总让我觉得很快乐							
A10	通过参加品牌活动，使我的心情变得好起来							
A11	通过我的行为可严重影响他人对该品牌的印象							
A12	我经常有机会将该品牌推广给很多品牌合作伙伴之外的人							
A13	我的意见能获得大量人的响应							
A14	与其他人相比，我对该品牌的了解比较深							
A15	我认为自己对该品牌非常有经验							
A16	该品牌的形象跟我很多方面有类似之处							
A17	参加品牌活动所花费的时间有时让我有不舒服的感觉							
A18	参加品牌活动所花费的精力有时让我有不舒服的感觉							

第二部分：品牌活动与治理因素感知

编号	问项	极不同意	不同意	较不同意	中立	有点同意	同意	非常同意
B1	假如社群成员计划某事情，我认为是：我们要做，而非他们要做							
B2	我会主动关心各种信息，并参与品牌活动							
B3	我认同此品牌合作中的行为							

续表

编号	问项	极不同意	不同意	较不同意	中立	有点同意	同意	非常同意
B4	觉得自己跟品牌合作伙伴有相似之处							
B5	品牌合作伙伴比较理解我							
B6	我认为其他品牌合作伙伴是值得信赖的							
B7	当发现问题，会积极向品牌公司反映并提供帮助							
B8	我觉得自己归属于这个品牌共建过程							
B9	当人们贬低这个品牌社群时，我感觉像在贬低我							
B10	我有义务去监督品牌合作中的不良行为							
B11	我有能力去制止品牌合作中不好的事情发生							
B12	我有责任向品牌公司反映出现的问题与隐患							
B13	比起其他人，我现在的合作伙伴更不会损害我的利益。							
B14	比起其他人，我更喜欢与现在的品牌合作伙伴合作。							
B15	我与品牌合作伙伴形成了一个团结的集体。							

第三部分：背景信息

您的性别：

□男　□女

您的学历：

□高中或中专以下　□高中或中专　□大专或本科　□硕士研究生

□博士及以上

您的年龄：

□ 18 岁以下　□ 18—25 岁　□ 26—35 岁　□ 36—45 岁　□ 46—55 岁

□ 56 岁以上

您的月收入：

□ 2000 元以下　□ 2000 元—4999 元　□ 5000 元—9999 元　□ 1 万元以上

您加入该品牌社群的时间为：

□ 6 个月以下　□ 6 个月—1 年　□ 1 年—2 年　□ 2 年以上

再次感谢您的支持与帮助，谢谢！

附录 2　预调查数据结果

表 1　品牌治理参与因素相关题项的 CITC 和信度分析

变量	测量题项	初始 CITC	最终 CITC	Cronbach’s α 系数
交流环境（CE）	CE1	0.799	0.882	删除前：0.836 删除后：0.900
	CE2	0.760	0.807	
	CE3	0.387	删除	
	CE4	0.750	0.726	
物质激励（MI）	MI1	0.718		0.908
	MI2	0.904		
	MI3	0.842		
活动乐趣（FA）	FA1	0.819		0.936
	FA2	0.860		
	FA3	0.927		
宣传能力（AP）	AP1	0.857		0.939
	AP2	0.875		
	AP3	0.904		
品牌情感（EB）	EB1	0.856		0.910
	EB2	0.839		
	EB3	0.766		
劳动成本（LC）	LC1	0.700		0.823
	LC2	0.700		

表 2　品牌治理参与因素的 KMO 和 Bartlett 检验

KMO 和 Bartlett 的检验		
取样足够度的 Kaiser-Meyer-Olkin 度量。		.761
Bartlett 的球形度检验	近似卡方	2696.299
	df	136
	Sig.	.000

表 3　品牌治理参与因素旋转成分矩阵

旋转成分矩阵[a]

问卷题项			成分 1	成分 2	成分 3	成分 4	成分 5	成分 6	累计方差贡献率
A1	交流环境因素	CE1	.460	–.141	.068	.263	.738	–.205	87.846%
A2		CE2	.430	–.104	.173	.206	.706	–.239	
A4		CE4	.381	.045	.181	.300	.718	–.094	
A5	物质激励因素	MI1	.278	–.083	.785	.252	.283	.061	
A6		MI2	.044	.175	.930	.189	.049	.021	
A7		MI3	.001	.287	.910	.091	.058	.064	
A8	活动乐趣因素	FA1	.864	.107	.094	.233	.170	–.156	
A9		FA2	.827	.058	.092	.152	.372	–.106	
A10		FA3	.884	.046	.066	.219	.296	–.108	
A11	宣传能力因素	AP1	.150	.921	.060	.086	.000	–.002	
A12		AP2	–.015	.921	.180	.048	–.075	–.063	
A13		AP3	.007	.959	.111	.005	–.018	.033	
A14	品牌情感因素	EB1	.230	.018	.167	.881	.219	–.060	
A15		EB2	.236	.102	.161	.896	.095	–.099	
A16		EB3	.165	.064	.259	.709	.420	–.160	
A17	劳动成本因素	LC1	–.133	.009	.070	–.146	–.110	.888	
A18		LC2	–.139	–.037	.045	–.052	–.159	.897	

表 4　深化品牌治理影响因素相关题项的 CITC 和信度分析

变量	测量题项	初始 CITC	最终 CITC	Cronbach's α 系数
认同意识（CI）	CI1	0.865		0.922
	CI2	0.857		
	CI3	0.807		
合作关系（P）	P1	0.868		0.911
	P2	0.836		
	P3	0.769		

表 5 深化品牌治理影响因素的 KMO 和 Bartlett 的检验

KMO 和 Bartlett 的检验		
取样足够度的 Kaiser-Meyer-Olkin 度量。		.889
Bartlett 的球形度检验	近似卡方	863.905
	df	15
	Sig.	.000

表 6 深化品牌治理影响因素旋转成分矩阵

旋转成分矩阵[a]

问卷题项			成分		累计方差贡献率
			1	2	
B1	认同意识因素	CI1	.794	.458	85.042%
B2		CI2	.817	.423	
B3		CI3	.875	.251	
B4	合作关系因素	P1	.315	.917	
B5		P2	.560	.672	
B6		P3	.506	.754	

表 7 品牌治理融入度因素相关题项的 CITC 和信度分析

变量	测量题项	初始 CITC	最终 CITC	Cronbach's α 系数
归属意识（SB）	SB1	0.741		0.898
	SB2	0.840		
	SB3	0.825		
监督与维权意识（ASR）	ASR1	0.927		0.960
	ASR2	0.915		
	ASR3	0.906		
可持续发展潜力（PSD）	PSD1	0.884		0.945
	PSD2	0.914		
	PSD3	0.860		

表 8　品牌治理融入度因素的 KMO 和 Bartlett 的检验

KMO 和 Bartlett 的检验		
取样足够度的 Kaiser-Meyer-Olkin 度量。		.851
Bartlett 的球形度检验	近似卡方	1579.507
	df	36
	Sig.	.000

图 6-3　品牌治理融入度因素因子碎石图

表 9　品牌治理融入度因素旋转成分矩阵

旋转成分矩阵 [a]

问卷题项			成分			累计方差贡献率
			1	2	3	
B7	归属意识	SB 1	.468	.275	.695	89.465%
B8		SB 2	.583	.136	.721	
B9		SB 3	.359	.173	.879	
B10	监督与维权意识	ASR 1	.188	.943	.112	
B11		ASR 2	.086	.950	.147	
B12		ASR 3	.194	.927	.153	
B13	可持续发展潜力	SLC 1	.900	.166	.256	
B14		SLC 2	.895	.150	.327	
B15		SLC 3	.832	.181	.379	